和谐校园文化建设读本

影响一生的 15种肢体语言

伊 咏/编著

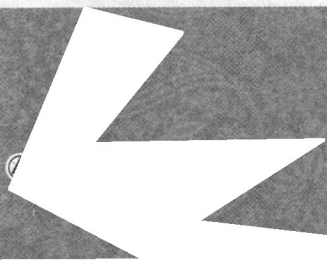

图书在版编目(CIP)数据

影响一生的 15 种肢体语言 / 伊咏编著. — 长春：
吉林教育出版社，2012.6（2022.10重印）
（和谐校园文化建设读本）
ISBN 978 - 7 - 5383 - 8962 - 3

Ⅰ. ①影… Ⅱ. ①伊… Ⅲ. ①身势语－青年读物②身
势语－少年读物 Ⅳ. ①H026.3－49

中国版本图书馆 CIP 数据核字（2012）第 116136 号

影响一生的 15 种肢体语言
YINGXIANG YISHENG DE 15 ZHONG ZHITI YUYAN　　　　伊 咏 编著

策划编辑　刘 军　　潘宏竹
责任编辑　张 瑜　　　　　　　　　　装帧设计　王洪义

出版　吉林教育出版社（长春市同志街 1991 号　邮编 130021）
发行　吉林教育出版社
印刷　北京一鑫印务有限责任公司

开本　710 毫米×1000 毫米　1/16　　印张　13　　字数　165 千字
版次　2012 年 6 月第 1 版　　印次　2022 年 10 月第 3 次印刷
书号　ISBN 978 - 7 - 5383 - 8962 - 3
定价　39.80 元

编　委　会

总序

千秋基业，教育为本；源浚流畅，本固枝荣。

什么是校园文化？所谓"文化"是人类所创造的精神财富的总和，如文学、艺术、教育、科学等。而"校园文化"是人类所创造的一切精神财富在校园中的集中体现。"和谐校园文化建设"，贵在和谐，重在建设。

建设和谐的校园文化，就是要改变僵化死板的教学模式，要引导学生走出教室，走进自然，了解社会，感悟人生，逐步读懂人生、自然、社会这三本大书。

深化教育改革，加快教育发展，构建和谐校园文化，"路漫漫其修远兮"，奋斗正未有穷期。和谐校园文化建设的研究课题重大，意义重要，内涵丰富，是教育工作的一个永恒主题。和谐校园文化建设的实施方向正确，重点突出，是教育思想的根本转变和教育运行机制的全面更新。

我们出版的这套《和谐校园文化建设读本》，既有理论上的阐释，又有实践中的总结；既有学科领域的有益探索，又有教学管理方面的经验提炼；既有声情并茂的童年感悟；又有惟妙惟肖的机智幽默；既有古代哲人的至理名言，又有现代大师的谆谆教诲；既有自然科学各个领域的有趣知识；又有社会科学各个方面的启迪与感悟。笔触所及，涵盖了家庭教育、学校教育和社会教育的各个侧面以及教育教学工作的各个环节，全书立意深邃，观念新异，内容翔实，切合实际。

我们深信：广大中小学师生经过不平凡的奋斗历程，必将沐浴着时代的春风，吸吮着改革的甘露，认真地总结过去，正确地审视现在，科学地规划未来，以崭新的姿态向和谐校园文化建设的更高目标迈进。

让和谐校园文化之花灿然怒放！

本书编委会

❀目 录❀

第一部分

我们为什么要研究肢体语言

第一章 沟通,仅仅用耳朵听还不够

我们的大脑

人类的大脑

21 世纪是"脑科学的世纪",关于大脑功能的研究,是现代科学最深奥的课题之一。人脑的平均重量仅有 1.4 千克,但由 140 亿个神经细胞组成的大脑是人体中最复杂的部分,也是宇宙中已知的最为复杂的组织结构。大脑是人体的神经中枢,人体的一切生理活动,包括脏器的活动、肢体的运动、肌体的协调、感觉的产生以及说话、识字、思维等,都是由大脑支配和指挥的。大脑的复杂性,还在于神经细胞在形状和功能上的多样性,以及神经细胞结构和分子组成上的千差万别。人类对自身的认识经历着漫长而痛苦的过程,仅在认知自己的大脑左右半球问题上,就花了 200 年的时间。

在 19 世纪前,人类对左脑与右脑的差异几乎一无所知。对失语症的研究使人类认识到了左脑和右脑的区别,这就是著名的布洛卡分脑区实验。1816 年,法国医生布洛卡偶然碰到了一位失语症病人,此人患病后不能用语言表达自己的思想。但检查表明,他的听觉器官和发音器官完好无损。患者过世后被解剖时,布洛卡发现,患者左额叶组织有严重病变,为此他写出了轰动科学界的论文——《人是用左脑说话》。真正确立左右脑分工的观念,开始于 20 世纪 50 年代美国加利福尼亚州一名教授斯佩里博士做过的一个著名实验。从 1952 年至 1961 年 10 年中,斯佩里用猫、猴子、猩猩做了大量的割裂脑实验。从 1961 年开始,斯佩里把"裂脑人"作为研究大脑两半球各种机能的研究对象,长时间进行了一系列的实验研究。斯佩里博士切断严重癫痫病患者的位于左右脑连接部的脑梁,然后挡住其左视野,在其右视野放上画或图形给患者看,患者可以使用语言说明图形或画上的东西是什么。可是,如果在左视野显示数字、文字、实物,哪怕是读法很简单,他也不能用语言说出它们的名称。通过实验,人的两脑分工越来越清楚,右脑支配左手、左脚、左耳等人体的左半身神经和感觉,而左脑支配右半身的神经和感觉。左脑主要完成语言的、逻辑的、分析的、代数的思考认识和行为。而右脑则主要负责直观的、综合的、几何的、绘图的思考认识和行为。左脑善于语言和逻辑分析,长于抽象思维和复杂计算,但刻板,缺少幽默和丰富的情感。右脑善于非语言的形象思维和直觉,对音乐、美术、舞蹈等艺术活动有超常的感悟力,空间想象力极强,充满激情,感情丰富,有人情味。由于这一杰出的贡献,1987年,斯佩里荣获了诺贝尔医学生理学奖。大脑两半球功能不同的科学论断得到了医学界、心理学界的广泛认可。此后对左右脑研究除神经外科外,其他领域也开始了正式研究,人们开始产生了右脑革命的观念。

由上述的割裂脑实验得知:左半脑主要负责逻辑理解、记忆、时间、语言、判断、排列、分类、逻辑、分析、书写、推理、抑制、五感(视、听、嗅、触、味觉)等,思维方式具有连续性、延续性和分析性。因此左脑可以称作"意识脑""学术脑""语言脑"。右半脑主要负责空间形象记忆、直觉、情感、身体协调、视知觉、美术、音乐、想象、灵感、顿悟等,思维方式具有无序性、跳跃性、直觉性等。斯佩里认为右脑具有图像化机能,如企划力、创造力、想象力;与宇宙共振共鸣机能,如第六感、透视力、直觉力、灵感、梦境等;超高速自动演算机能,如心算、数学;超高速大量记忆,如速读、记忆力。右脑像万能博士,善于找出多种解决问题的办法,许多高级思维功能取决于右脑。把右脑潜力充分挖掘出来,才能表现出人类无穷的创造才能。所以右脑又可以称作"本能脑""潜意识脑""创造脑""音乐脑""艺术脑"。

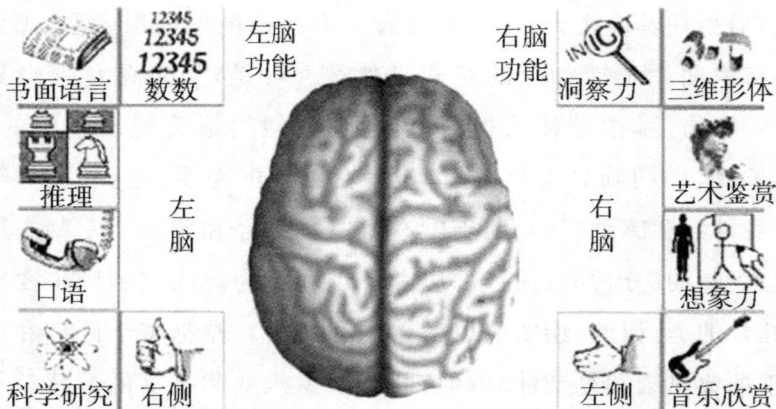

悟性和灵性的左右脑分工

图 1 左右脑分工

大脑有左右两半部分,各有不同的功能,并以不同的方式处理信息。这就是操纵语言、具有逻辑思维功能的左脑和具有非逻辑功能、产生直观、形象、想象、思维的右脑。人的左脑主要从事逻辑思维,左脑具有语言功能,擅长逻辑推理,主要储存人出生以后所获取的信息。左脑用语言来处理信息,把进入脑内看到、听到、触到、嗅到及品尝到(左脑五感)的信息转换成语言来传达。左脑主要控制着知识、判断、思考等,和显意识有密切的关系。左脑模式是象征的、抽象的、时间性的、理性的、数据的、逻辑的、线性的。我们日常生活用得最多的就是左脑,因此又将其称为"现代脑"。左脑具有语言性、分析性、推论性、部分性、意识性、时间性、连续性的特征。

左脑是人的"本生脑",储存的信息一般是我们出生后所获得的,记载着人出生以来的知识,管理的是近期的和即时的信息。在左脑反复得到强化的信息最终转存在了我们的右脑,而右脑继承了我们祖先的遗传因子,是祖先智慧的代言人。因此我们又将右脑称为"祖先脑",储存从古至今人类进化过程中的遗传因子的全部信息，很多本人没有经历的事情，一接触就能熟练掌握就是这个道理。右脑和潜意识有关，控制着自律神经的一部分，与宇宙波动共振等，具有形象思维能力，但不具有语言功能。右脑是将收到的信息以图像处理，瞬间即可处理完毕，因此能够把大量的资讯一并处理（心算、速读等即为右脑处理资讯的表现方式）。一般人右脑的五感都受到左脑理性的控制与压抑，因此很难发挥已有的潜在本能。然而懂得活用右脑的人，听音就可以辨色，或者浮现图像、闻到味道等。心理学家称这种情形为"共感"。右脑模式是综合的、真实的、类似的、非时间的、非理性的、直觉的、整体的，具有非语言性、关联性、直观性、无意识性、空间性、全体性、同时性的特征。右脑主要从事形象思维，是创造力的源泉，是艺术和经验学习的中枢。人的大量情绪行为也被右脑所控制，人的本能也属于右脑控制。右脑的信息来源渠道：一是人出生后凭直观感受直接摄取的；二是经过左脑反复强化的信息转存的；三是祖先所经历的人和事经过浓缩后遗传下来的。右脑存储的信息包含了 500 万年来祖先所经历的人和事，其潜能相当于左脑的 10 万倍。开发智能首当其冲的任务是发掘右脑的潜能。日本著名右脑专家春山茂雄形象科学地把左脑称为包含感情的"自身脑"，把右脑称为继承祖先遗传因子的"祖先脑"。

咬一下嘴唇并不费时，只需要一秒钟，做一下吧。然后摸一下你的耳朵，最后，抚摸一下你脖子的后面。这些动作都是我们一直在做的。你可以花点时间观察一下周围的人，你会发现他们也经常做这些动作。

可曾想过他们为什么做这些动作？又可曾想过你为什么会做这些动作？这些问题的答案就藏在一个密室里，即我们大脑的边缘系统。一旦我们找到了答案，我们就能自如地破译身体语言了。所以，让我们来近距离地看一看这个密室吧。

大脑的边缘系统

在研究肢体语言的过程中,我们将重点放在大脑的边缘系统上,因为它在肢体语言表达中扮演了重要的角色。但是,我们也会使用新皮质大脑来分析周围人的边缘反应。

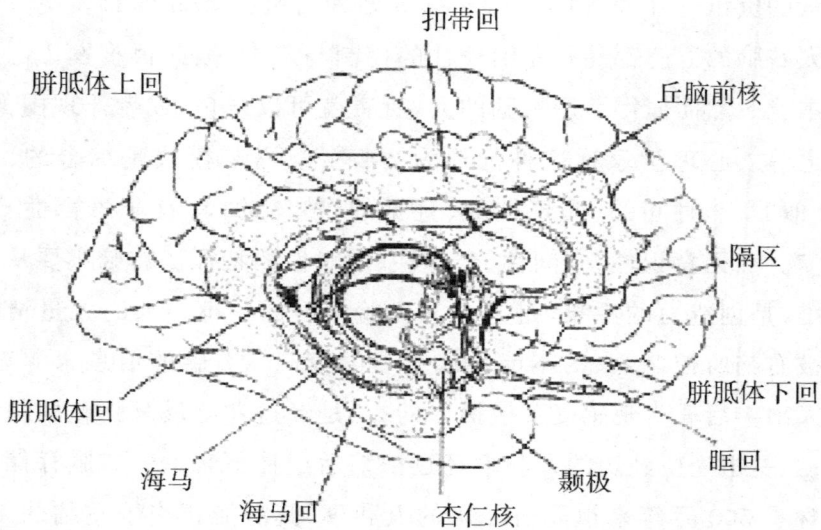

图 2 大脑的边缘结构

在今天,人们多只对左右脑的开发有所了解,对大脑边缘系统的认识还较少。植物神经的最高中枢——大脑边缘系统,主要功能为嗅觉、内脏、自主神经、内分泌、摄食、学习、记忆等等。人的情绪主要受大脑边缘系统的调节,大脑边缘系统同时调节内分泌和植物神经的功能,人的心理因素可通过大脑边缘系统和植物神经影响胰岛素的分泌。边缘系统是大脑皮层的周边部位及皮层覆盖的一系列互相连接的神经核团,管理着学习经验、整合新近与既往经验,同时为启动和调节种种行为和情感反应的复杂神经环路中重要的一部分。大脑边缘系统属于大脑旧皮质,除了与快乐、悲伤、喜欢、讨厌等情绪反应以及记忆形成密切关系之外,也关系到动物本能的行动和内分泌系统、自律神经系统。故边缘系统又叫"内脏脑"，也一度被称作"情绪脑"。大脑边缘系统有两个神经组织，即杏仁核与海马，杏仁核关系着情绪的表现，海马区与记忆有关。大脑的边缘系统活动与内脏的机能调节的关系至为密切。植物性神经系统许多功能活动的高级中枢位于边缘系统内。所有这些结构的中心是下丘脑。下丘脑包括许多重要神经核团，对血压、体温、摄食、水平衡、内分泌等的调节都具有重要影响。一般认为，边缘系统对于心血管活动的影响是通过下丘脑等实现的。近年来发现，边缘系统中有一些神经元本身即是某种极为敏感的感受器。

为什么我们将重点放在大脑的边缘系统呢？这是因为它对我们周围世界的反应是条件式的，是不加考虑的。它对来自环境中的信息所做出的反应也是最真实的。边缘系统是唯一一个负责我们生存的大脑部位，它从不休息，一直处于"运行"状态。另外，边缘系统也是我们的情感中心。各种信号从这里出发，前往大脑的其他部位，而这些部位各自管理着我们的行为，有的与情感有关，有的则与我们的生死有关。

这些边缘的生存反应不仅可以追溯至我们的幼年时代，同样可以追溯至人类远祖时代。它们是我们神经系统中的硬件，很难伪装或剔除——就像我们听到很大的噪声时试图压抑那种吃惊的反应一样。所以，边缘行为是诚实可信的行为，这已经成了公理。这些行为是人类的思想、感觉和意图的真实反映。

在理解边缘系统是如何运作的过程中，我们探讨了三种最关键的生存功能及其相关联的行为。

僵持反应：过度自控、压抑克制、静止不动。

逃跑反应：保持距离、阻挡行为、愁眉苦脸。

战斗反应：侵犯进攻、威胁恐吓、轻蔑无礼。

至今为止，我们还有一点没有提到的是边缘系统的反应程度和力度。从很大程度上来说，反应的程度和力度是由我们感觉到的刺激的重要性来决定的。假设我们在公园里漫步,与一只迷路的家猫不期而遇,边缘系统的刺激则微乎其微,因为这个小动物不足以对我们构成重大的威胁。而相反,如果我们遇到的是一头逃出笼的老虎,那么我们原始的生存机能就会爆发,边缘系统就会导致我们先吓呆,僵住不动,接着有必要则拔腿就跑,甚至和老虎来一场生死搏斗。

这里有一个例子。事情发生在 1999 年 12 月。当时,美国海关截获了一名被称作"千年轰炸者"的恐怖主义分子。入境检查时,海关人员发现这名叫阿默德的人神色紧张且汗流不止,于是勒令他下车接受进一步询问。那一刻,阿默德曾试图逃跑,但是很快就被抓住了。海关人员从他的车里搜出了炸药和定时装置。阿默德最终供认了他要炸毁洛杉矶机场的阴谋。

神色紧张和流汗正是大脑对巨大压力固有的反应方式。由于这种边缘行为是最真实的,海关人员才能毫无顾虑地逮捕阿默德。这件事说明,一个人的心理状态会反映在肢体语言上。

大脑的第三部分加入颅顶的时间较晚,因此被称作新皮质,即新大脑。这部分脑负责高级认知和记忆,因此也被称为思考大脑。正是这部分大脑将我们与其他哺乳动物区分开来,也正是这部分大脑让我们登上了月球。不过,它也是大脑中最不诚实的部分,因此它也被称为"爱说谎的大脑"。我们的这部分大脑会行骗,而且经常行骗。

让我们再来回顾一下前面的案例,边缘系统会强迫那个恐怖分子在接受询问时大量出汗,但是新皮质大脑却非常擅长让他隐瞒自己的真实情绪。它可以"教唆"这名犯罪分子在接受询问时说出"我的车上没有炸药"之类的话,虽然这完全是假话。新皮质大脑会让我们夸奖朋友的新发型,尽管我们内心里非常不喜欢;或者,它能帮助一个人作出非常令人信服的陈述,如"我绝对没有先出手伤人",而事实可能并非如此。

什么是肢体语言

肢体语言又称身体语言,是指经由身体的各种动作,从而代替语言借以达到表情达意的沟通目的。广义言之,肢体语言也包括面部表情在内;狭义言之,肢体语言只包括身体与四肢所表达的意义。

谈到由肢体表达情绪时,我们自然会想到很多惯用动作的含义。诸如鼓掌表示兴奋,顿足代表生气,搓手表示焦虑,垂头代表沮丧,摊手表示无奈,捶胸代表痛苦。当事人以此肢体活动表达情绪,别人也可由之辨识出当事人用其肢体所表达的心境。

什么是非语言交流

非语言交流通常指用非语言行为或身体语言交流,它是传递信息的一种方式,这一点与口头语言一样,不同的是它是通过面部表情、手势、身体接触(触觉学)、身体移动(人体动作学)、姿势、服饰、珠宝、发型、文身,甚至语调、音色及个人声音的音量(而不是讲话内容)等传递信息的。60％—65％的人际交流属于非语言行为。

非语言交流能够反映一个人真正的思想、感觉和意图。正因为如此,很多时候,当人们提及非语言行为时都会使用"告诉"一词。人们常常会忽略自己的非语言交流行为。

其实,身体语言比任何话语都诚实。曾经的一起抢劫案告诉了我们这一点。一名年轻的犯罪嫌疑人被抓来审讯,他的供词听起来十分有说服力,而他的故事也似乎合理。他声明,自己从未见过受害者,下班后他沿着村里的主路前行,然后左转,最后径直走回家。警察快速记下了他的供词,最后,通过观察录口供时的录像发现了破绽。警察发现,当他说到左转和回家时,他的手打了个向右的手势,正好指向犯罪现场。如果不是仔细观察录像,警察不可能抓住他的这一破绽——即言语(左转)和非语言行为(向右的手势)的不一致。看到这个手势后,警察立刻确定这个人在说谎。于是,过了一会儿,警察再次与他展开较量,最终他不得不认罪。

不会伪装的肢体语言

研究者通过大量的调查认为,无声信号传达出的交际效果是有声语言的 5 倍。当你的体语与有声语言二者不一致的时候,人们往往注重于无声信息,而对有声信息就不那么理会了。

著名的精神分析学家弗洛伊德曾发现,有个病人在有声有色地讲述她的婚姻是如何如何幸福时,却下意识地将她手指上的订婚戒指在手指上滑上滑下,医生根据她的体语耐心询问,病人最终讲出了自己生活中的苦闷和种种的不如意。很显然,行为透露了这个病人无声的体语与有声语之间的矛盾。

人们经常提出这样一个问题:一个人是否能伪装自己的身体语言?

心理学家的回答是:"不能。"

心理学家认为肢体语言大都发自内心深处,极难压抑和掩盖。例如,做了亏心事或偷了东西的人总显得心神不定、六神无主或鬼头鬼脑;听到好消息时,脸上总要露出笑容;听到批评时,脸色总会显得很不自然;说谎时,总怕看着对话者的眼睛;激动时,总要手舞足蹈;发怒时,总要青筋暴起,或双拳紧握、咬牙切齿。这些事实不难证实肢体语言的可靠性。因此,若想分辨人心的真伪,应首先注意观察他的肢体信号,因为只有肢体信号才能显露出一个人的真实思想。

肢体语言不易伪装,原因在于当一个人的大脑进行某种思维活动时,大脑会支配身体的各个部位发出各种微细信号,这是人们不能控制而且也是难以意识到的。

研究者认为:在语言的表达中,一种渠道的可靠性与对它的自觉控制力的大小是成反比变化的。在所有的语言表达之中书面语言是最有时间推敲和修改的,因而也就可能是可信度最低的一种渠道,也是最容易撒谎的一种方式。口语可斟酌和修改的时间要少一些,因为自觉控制的机会相对少一些,因而可靠程度就可能比书面语大一些。当然,口语也有足够的余地让人撒谎。至于肢体语言,往往最不易有意识控制,甚至完全在无意之中就露出了真相,因而可靠性也就最大。

让肢体语言丰富你的生活

本书的目的就是要教你如何观察周围的世界,如何在各种不同的环境下解读身体语言的含义。这种知识足以帮助你提高自己的交际能力,同时也会让你的生活变得更丰富多彩。

大家一定有过这样的疑问:为什么在这样一个计算机、短信、电邮、电话和视频会议一统天下的时代,人们还是会不辞辛苦地奔向各种不同的会议和聚会呢?答案是,因为人们需要亲自传递和观察肢体语言。没有什么比亲自观察肢体语言更直接了。为什么?因为肢体语言这样强大,这样富有含义,你可以将它们应用到任何环境中。下面就有一个很好的实例:

几个月前的一次聚会上,我向朋友们讲述了如何通过肢体语言解读对手的内心世界,从而让自己成为牌场上的赢家。扑克这种游戏需要虚张声势和阴谋诡计才能取得胜利,所以玩家要对对手的一举一动十分敏感。对他们来说,解密肢体语言至关重要。虽然大家对我提供的洞察方法都很感兴趣,但是我真正在乎的是,他们中有多少人能看到这些方法在牌桌以外的用途。

两个星期后,我收到了一封电子邮件,寄件人是一名医生,他这样写道:“最让我震惊的是,您讲的东西对我的工作有很大的帮助。从您那儿学到的解读肢体语言的技能不仅帮助了我,也帮助了我的病人。现在,我很容易就能判断出他们的健康状态、自信度或信任度。”这名医生的话证实了肢体语言行为的普遍性和在生活各个层面的价值。

倾听需要肢体配合

不错,我们渴望了解别人,我们需要倾听,可是我们不能仅仅只带上自己的耳朵,老天给我们眼睛绝不是仅仅只是让我们看路和分辨食物用的。

事实上,我们发现,当我们在用心去聆听别人谈话的时候,我们倾听的姿势、我们倾听的神态,一样在影响着别人的情绪,影响着别人表达的真实意愿。事实上,这些姿势和神态同样是我们肢体语言的重要组成部分。

那么我们就先从倾听开始,来了解一下肢体语言吧!

首先,我们来看看,在倾听别人说话的时候,我们的视线在哪里? 我们的视线是紧盯住对方不放,还是埋头看桌子? 到底我们的视线应该放在哪里? 关于这个问题,有各种答案。比方说,在对方身上设定固定区域,而将视线放在固定的范围内。一般来说,这个固定区域,以上下双眼的连接线及腹部为限,左右以肩宽为准较为合适。这样容易给别人留下好印象。当然,视线最好仍需配合当时的情况作适当的调整,只要能表明你在认真听对方说话就是成功的。

接着,我们来看看倾听的姿势。在谈话的时候,说者往往通过观察听者的身体语言,来判断对方接受的程度。这也是为什么听者必须注意自己倾听姿势的重要因素。例如:听者上身向后仰靠在椅背上,可能会引起说方的厌恶,以为"这家伙盛气凌人"。但如果听者弯腰驼背,不免要遭人误解,"这人怎么没有一点自信"。因此,上述两者的姿势均不宜表现在谈话中。

同样,手脚交叉可成为破坏对方谈话兴致的致命伤。一般来说,所谓倾听,我们身体前倾的姿势最能博得对方的好感。

从说者的角度看看,当你意兴正浓的时候,你同样应该适当观察一下听者的身体所透露出来的信号。

1.不同意而掉转头

他们刚开始的时候是开放式的身体语言,点头赞同或者微笑。现在他们的身体是否稍稍侧转,离开了你？他们懒散地坐在椅子上了吗？他们是否双腿交叉并不再正对你？

2.挫败感和焦虑

他们有没有做出更多的障碍式姿势？他们的手臂交叉了吗？他们是不是第一次交叉双腿？他们是不是开始有脸部摩擦的动作？他们是不是开始摆弄珠宝、衣服或者钢笔？

3.不耐烦

他们的行动是否加速？他们是否频繁更换在椅子上的坐姿？他们点头的速度是不是正在加快？他们双腿交叉时,上面的那条腿是不是开始晃动？他们是否不停在看表？他们是否掌心向下放在桌面上？他们是否开始整理文件？

4.厌倦

他们是否正在打哈欠或者因为控制打哈欠而流泪？他们是不是重复做某些相同的姿势和动作？他们是不是正在旋转他们手头的笔？

这些时候,你其实应该考虑是不是该换个话题,或者干脆停止你们的对话了。这些,其实就是别人正在通过他们的身体语言向你发出无声的抗议。当然,你也可能是被你的观察所误导,但是不要让这种乐观的方式来引导你忽视信号,你需要采取行动,哪怕只是以防万一。

当然,作为听者,更多地要求自己用最佳的肢体语言来配合说者的情绪,让说者更多地、更真实地透露他的信息,这个时候,听者就必须掌握各种肢体语言的奥妙,并对它们灵活运用。

换句话说,哪怕就是不开口,我们也要显示我们高超的倾听水平。

听懂肢体语言

事实上,高水平的倾听者在与人交流的时候,他们就算不开口,也会轻松让别人懂得自己所要表达的想法,因为他们非常善于运用那些会说话的肢体语言。现在让我们来简单地认识一下那些表示不同含义的肢体语言吧。

1.表示开放的肢体语言

研究者认为人体之间相隔的间距,同他们的亲疏程度有关。有时从人体与人体之间所形成的角度,亦能传达出许多表明他们之间关系和所持态度的无声信号。

2.表示排斥的肢体语言

一个人反感另一个人的行为做派,有时甚至讨厌对方,在这样的情形之下如果这种心理不能用语言表示,他就会使用一系列的拒绝和排斥信号。这些信号包括:背向对话者,用手背往外扇动、推、赶或弹手指等。

甩双手往外扇在希腊则表示为"快快滚蛋"! 由于这个手势在希腊具有侮辱性,因此,同希腊人交谈使用手势时应格外小心。

在中国,当一个人谢绝另一人的送行时,往往使用这种扬手往外扇的手势,示意送行者返回或留步。若不慎将这一手势用于希腊人,就会闹出误会。

向对话者吐舌头也是表示拒绝的一种特殊信号。

3.表示不感兴趣的肢体语言

人们在注意力高度集中时会情绪紧张,注意力分散或感到枯燥无味时会情绪松懈。交谈的一方在谈话过程中或听众在演讲进程中,减少微笑和点头的次数,眼睛不看着发言者,心不在焉,脑袋扭向另一方向,都暗示了当事者的厌烦心理,这对于正在滔滔不绝的发言者来说,无疑是值得注意的信号。

不感兴趣的身势、取向和眼神在每个人的行为中都有明显反应。而且,对于这些情绪的流露,东方听众比西方国家的听众要显得节制并含蓄得多。西方国家的人在对某些谈话或演讲感到乏味时,身势反应会很明显,如眼睛下垂或旁顾,脑袋耷拉或扭向一侧,身子下坠或侧转……东方人在感到乏味时却只是脑袋耷拉着或头一点一点地打瞌睡,而绝大多数身势动作和取向仍然保持精力集中状态。此外熟人相遇视而不见、转过脸去也是一种表示不感兴趣的体语。一个人见到另一个人,装作没有看见,并且绕道而行,这就表明他眼里没你或根本不想见到你,当然更谈不上对你感兴趣。

4.表示隐忍的肢体语言

如果两人交谈时,其中的一方不赞同对方的态度或观点而又不便发表异议时,他会用手摘捏衣服上的线头或捋着衣缝,这样的手势表示了他在隐忍。当他做出这种动作时,他的头朝下,眼睛往往是盯视着地板。

心理学家认为这种手势不但表现了做手势人的厌烦心理,而且也反映出他在隐瞒自己的不同观点时的消极态度。表示这种消极思想情绪的行为还包括抠树皮、抠墙、抠桌子的边缝等。如果四周没有可触摸的东西,他还会握自己身上的任何一件东西,比如袖口或指甲或者是包之类的东西。

假如你是一个高明的谈话者,在谈话时,为了了解对方真实的思想态度,就需要采取有效的措施,尽量改变当事者的这种消极姿态。

5.表示不安、急躁的肢体语言

有不少老师和家长因为孩子不服管教会用双手捂住脸、深叹气或跺脚等表示焦躁不安的信号。面对这些孩子,老师和父母常用这些信号"抗议"他们的"叛逆"行为。

当人们有急事去做,无心与他人继续闲聊,就会不断地看手表。在这种情况下,一个有阅历或懂体语的人就应该立刻停止谈话。谈话时不断地叹气,眼睛盯视别处,踏脚,看手表都是急躁信号。

最有代表性的急躁信号就是用手指磕打桌子或踏脚。在面对面的交谈过程中,如果你的对话者显示出上述行为,这就证明他急切地想离开谈话场地。同时,踏脚的频率也能暗示出当事人的急躁程度。

6.表示钟情的肢体语言

在心仪的女子面前,男人还会表现出一系列的炫耀姿态——昂首挺胸、英气勃勃、无所畏惧,他们总希望通过自己的举止来赢得女人的喜爱。事实表明,大多数男人都爱在自己所喜欢的女人面前显得气度不凡、豪迈雄健,同时也整洁利索、温文尔雅。

7.撒谎的肢体语言

孩子撒谎时往往用小手揉揉眼睛,生气地噘起小嘴巴,有时还会低下脑袋避开父母的眼睛。一些父母看到小孩子这种揉眼低头的动作,就更加激愤,会声色俱厉地对孩子喝道:"看着我的眼睛!说,你到底干什么去了?"其实,父母的这种逼问只能增加孩子的恐惧心理,恶化他的消极态度。事实证明,这种训斥孩子的方式只能适得其反。其实,小孩子在父母面前揉眼和低下脑袋的姿势动作已经说明他在撒谎或有难言之隐,如果孩子的父母换一种方式,耐心等待孩子的解释,小孩儿很可能会向父母道出真情。

当女人撒谎时她们通常用指尖儿轻轻地触摸几下眼角。为了避开对方对她的盯视,她会看着天花板或地板。总之,无论是低头看地板,还是仰头看天花板,无论是揉眼睛,还是触摸眼角,这些动作都是人们撒谎、迟疑或讨厌看到某物时,身体对大脑中消极思维的无声显示信号。

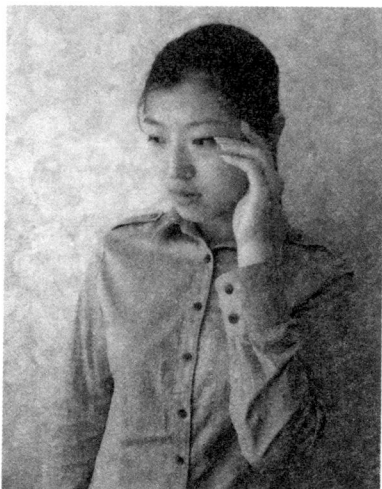

图 3 触摸眼角

还有两种显示撒谎的肢体语言,我们不妨也来看一看。

图 4 听到逆耳话时捂嘴

①捂嘴——当人们说谎或怀疑别人在撒谎,听到逆耳的话或者看到他们不愿意看的东西时,他们就会下意识地捂住嘴。同时,还有捂住耳朵或是用手蒙住眼睛这样的动作。例如,当小孩儿讨厌听别人的教训时

甚至干脆用手掌将耳朵捂上,试图避开逆耳的言辞。随着一个人年龄的增长,人们的这种蒙眼、捂嘴和捂耳朵的姿势就会变得更加微妙、更加斯文,也更加隐蔽。

②揉眼——这个动作实际上是大脑试图阻止"丑事"进入眼帘而作出的一种无意识的努力。也就是说,当人看到讨厌的东西时,他就会揉揉眼睛。有时,当一个人对别人撒谎时也会揉揉眼睛,或者低下脑袋,用以避开对方对他的盯视。

哈佛大学的研究者们曾用角色表演的形式考验那些对病人的病情故意撒谎的护士。观察结果表明,说谎的护士使用这些手势的频率远远超过对病人讲实话的护士。由此可见,当人们撒谎时,他们的身体便会随之显示出一种下意识的无声信号,秘密也就泄露了。

8.熟人相遇的肢体语言

如果两个熟人在路上相遇,他们在一定距离内相互注视就可以认出对方,随后猛地把头抬起(抬头,同时眉毛很快上扬约 1/6 秒的时间),点头,同时也会相互给予微笑。当两人各自向对方走去这一短暂的时间之中都会回避对方的目光。这样可以避免彼此的凝视,同时还可以控制自己的情绪变化。当两人走近时,只要一方不是一边问候一边从旁走过,他们的目光又会相遇。直到最后接近时,两人紧紧握手,微笑,或轻或重地拍对方的肩膀,再说上几句话。

在这个例子中,只有在回避对方目光和握手时两个人才稍微觉得有点紧张。握手的用力程度也包含着一种含义。小伙子之间握手往往会成为双方力量的一种较量;年龄较大的人之间,握手时间的长短也可以看出友谊的深浅。

9.自我调节的肢体语言

自身调节性体语指的是身体的一部分对身体另一部分的动作,如抠鼻子、扭手腕、搔头皮、舔嘴唇等都属于这类调节性动作。这些动作也可能要用道具,但不作为工具使用,例如:玩弄铅笔、转动火柴盒、用别针挠耳朵等。

最典型的是手对于身体其他部分的动作或者手的一部分对手的另一部分的动作。此外,舌头可以舔嘴唇,牙齿可以咬嘴唇,一只脚可擦或蹭另一只脚。

心理学家认为在这些调节性体语之中不能因为身体某些部分有接触就称之为自身调节性体语。在有些国家,用食指指着太阳穴表示思考,这可以归为"象征性动作"。但是它并不是自身调节性体语,而是活动说明性动作。同样的动作,如果不是用来表示所说的意思,就可以把它叫作"体调性动作"。

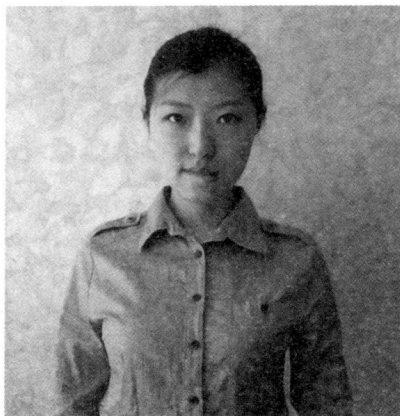

图 5　用牙齿咬嘴唇

自身调节性体语与象征性体语的区别反映在它们所表示内容的具体程度上。象征性动作都有非常精确的含义,并为人所熟知。自身调节性体语的含义比较模糊,不甚确切,也不一定是大家都同意的。人们一般都意识不到自己的那些自身调节性体语。如果让他们把做过的事再做一遍,往往记不起来自己做过什么了。

心理学家认为,自身调节性体语较多的人多处于尴尬、紧张或者不可信赖的状态。

自我调节性这类行为往往象征着"不自在"或"紧张"一类状态。心理学家们在研究中发现,虽然自身调节性体语的绝对频率因人而异,但它确实随着不自在程度的加深而增加。有专家观察到,被精神病大夫诊断为有敌对行为的病人,搔头皮比别人都多。

10.象征性的肢体语言

象征性动作多半与我们的手或臂膀有关,但是也涉及头部和脸部的动作、姿态的变换,甚至腿部动作(或声音)。

象征性体语指那些标志性行为。这些行为中的一举一动都含有能被其他人所理解的非常独特的语义,因而人们常用象征性体语传递信息。点头表示"是"或者摇头表示"不",这就是象征性体语的例子。做出象征性动作的人,用自己的脸部表情或身体动作进行交际、传达某种意思。

当我们想说什么却又决定不说出口时,往往诉诸象征性动作。在谈话中无论是讲述者或者听众都可能使用象征性动作。每个人都会用象征性动作来代替一句完整的话,重复某一句话所表示的信息,对言辞进行评论或者修饰。

在不同文化中通过象征性动作表示的信息,存在着有趣的相似和不同。而用来表示某一信息的具体动作变化,则往往反映了不同文化中的人们表达方式的不同。有时在不同文化中表达一类信息的象征性动作的次数也不同。象征性体语含有能被其他人所理解的独特的语义,因而常用象征性体语来传递信息。

11.表示厌烦的肢体语言

当听众对讲话厌烦时,一般出于礼貌和其他原因会比较克制,但也能在其体语中反映出来。如捂耳朵、交头接耳、打瞌睡等。有人在听讲时常常用手掌支撑着脑袋,这也是一种暗示厌烦心理的手势。

图 6　听到不感兴趣的讲话时,用一只手支撑头部

支撑脑袋的形式也和一个人的厌烦程度有关。比如,当某人对另一个人的讲话不大感兴趣时,他可能会用一只手支撑着下巴。但是,当他对此完全失去兴趣或感到极度厌烦时,他就会用整个手掌支撑着半个脑袋。当然,听众打瞌睡所表示的厌烦程度就更是不言而喻了。

另一种表示厌烦的人体显示信号是在开会时低着头看书看报,或者二郎腿一跷,双臂交叉,眼睛不住地盯视别处。当讲话者突然扭转话题,并宣布一条与每个人的切身利益密切相关的消息时,持有这种姿态的人就会立刻改变姿势,放下手中的报纸,打开交叉的双臂,并且身体向前倾,洗耳恭听。如果人们用手指磕打桌子或跺跺脚,这暗示出他们对会议的厌烦心理已达到极点。

作为一名有经验的演讲者,当发现这些信号时,就应该当机立断,终止讲话,或是扭转话题,不然就会使自己处于十分被动的尴尬处境。一个成功的演说家不但需要演讲口才,而且需要敏锐的观察能力。也就是说,他应该会观察听众对他的讲话是否感兴趣。听众感兴趣时注意力很集中,并且伴随对演说内容表现出兴奋、愤怒、惋惜等神情。

12.缺乏教养的肢体语言

有一些动作本无交际体语信号功能,纯属个人随意行为或生理性反射行为。但是这些动作如果发生在大庭广众之下,却能给人一定信息,这些体语信息透露出当事人缺乏教养、不太文明。这些动作有:

①在大庭广众之下用手在自己或别人身上乱捅乱摸。

②身体抽搐,手指捻动,乱抓乱动。

③与外国人进餐时,在饭桌上随意地剔牙。

④在众人面前梳头,除头垢、头皮;剔除牙垢,冲洗假牙;挤压粉刺,抠挖或修剪指甲;装取隐形镜片,搽脂抹粉,整理服装等。

⑤当着众人的面抠抠眼睛、掏掏耳朵、挖挖鼻孔或擦拭嘴。

13.反向传递信息的肢体语言

在生活中,常见有人总喜欢端着很高的架子,昂着头,背着手,讲话时双臂抱在胸前,双腿叉开,显出一副不可一世的姿态。如果你同这种人交谈,会很难使话题深入。因此首先要改变他的姿态,压下他的高傲气势。此时你无须用有声语言,只要模仿对方的姿势,就会使对方处于窘迫状态,从而改变其傲慢的姿势。

14.表示屈从的肢体语言

有一种有趣的心理现象,当某人觉得自己比对方地位低,居于从属地位时,出于自谦、敬慕或自卑,往往会在对方面前无意识地降低身体的高度。

①低头——这是一种常见的人体信号,通常暗示着当事者的某种屈从心理。说谎的人会将头低下避开对方的盯视;触犯了刑法的犯罪分子在法官面前低下头来,以示认罪;犯了错误的下级在上级面前低下头来,以示屈从。从行为学的角度来说,人将头低下是在无意识地降低自己的身体高度,以此来表示对对方的"屈从"。心理学家认为,低头者大都处于劣势,会使自己在情境中的地位低于对方。

②屈膝——这是一种降低身份和地位的人体行为,但是与哈腰相

比,屈膝是一种积极的信号。屈膝礼在国外某些国家常见,其目的是降低自己的身体高度,从而向地位高的人表示一种礼节。在英国,屈膝是一种十分普遍的礼节。遇到皇家贵族时,平民百姓特别是女人常常弯曲双腿,向贵族表示敬意。

③哈腰——研究表明,哈腰是一种十分令人讨厌的下贱行为。这种行为大都发生在下级面对上级时。下级对上级点头哈腰以此来赢得上级的好感,但如果使用不当,哈腰的意愿往往会适得其反。

④鞠躬——这也是一种礼节,它是表示谦逊和尊敬的人体信号。在谢幕时演员通常使用这种礼节向观众表示谢意。这种鞠躬的礼节在日本最为普遍,人们相遇时,总是弯下腰,鞠个躬,表示对对方的敬意。

事实上,当感觉自己比对方地位低,居于从属地位或感到自谦、敬慕或自卑时,调节自己,降低身体的高度是人的一种下意识行为。

15.表示封闭的肢体语言

在日常生活中封闭式指示信号通常发生在男女之间尤其是热恋的男女青年之间。在许多场合,我们都可以看到热恋中的男女青年面对面亲切交谈,有时他们身体之间的距离亲密到双手可以相握的地步。在这种情况下他们就形成了一个封闭式区域。这种封闭式指示信号也从侧面向我们暗示了他们之间的亲密关系和谈话性质。如果你遇到这种情景,最好不要前去"打扰"。

一个急切想赢得女性好感并想和她进行"私语"的男子,除了使用一系列示爱手势语和有声语言之外,往往还会显示出另一种信号,即封闭式指示信号。在这种情况下,他可能会将身体整个正面朝向女方,而且缩小两者之间的距离。女方如果愿意接受男方的亲近,那么,她也会调整身体的角度。将身体朝向男方。这样,两个人的身体就形成了一个封闭式区域。

事实表明,在封闭式的谈话情境中,硬要介入的第三者是不受欢迎的。无论你与其中任何一方的关系如何,只要见到封闭式指示信号,就应该避而远之。当我们想加入他人的谈话时,应该首先观察一下他们的站立角度。若是冒昧插入,就会变成令人讨厌的人。

16.表示进攻的肢体语言

当某人正处于一种进攻性的心态时,他的上衣一般是自然地敞开着并用手撩到身后。

上衣自然地敞开,这种姿态是一种挑衅或进攻性信号,因为他将胸部和喉部明显露出,无声地显示了他不畏强暴的胆略。为了加强这种体语的力度,他还会摆出双腿叉开,双手握成拳状的进攻姿态。若是扣子扣得整整齐齐,这往往会显示出当事人在进攻时的某种恐惧心理。

我们还经常看到这种情形:

某个人站在那里,双手置于髋部或置于两胯上部,显示出一种等待的姿态……

观察家认为,这种姿势是男人们用来传达万事俱备,待命出征的人体信号。观察家还认为这是一种"就绪"信号,也有人将这一体语说成是胜利者的象征。

在女人面前,男人常摆出这种姿态,借以炫耀他们威风凛凛的"大男子主义"。专职服装模特儿也经常使用这种进攻性的体语,他们在摆出这种姿势时有时只将一只手置于臀部之上,另一只手做出另一种姿势。在生活中,这种姿势有时还会伴随着其他批评性的评价手势群。

这里我们介绍的只是一些模糊的肢体语言的概念,在后面我们会对每一个具体的肢体动作和表情等细节进行详细的剖析。

怎么观察肢体语言

一旦你掌握了有效解读肢体语言的技巧,它就会变成一种本能,你就能全心全意地投入到周围世界的解译上。下面的十点会帮助你熟练地观察肢体语言。

一、细心观察

对于想解密身体语言的人来说，这是最基本的要求。

可以试想一下，耳朵里塞着耳塞去聆听别人讲话是件多么愚蠢的事。我们听不到任何信息，对方说什么也对我们起不到任何作用。因此，最专心的聆听者是不会戴着耳塞走来走去的。但是，很多人在面对身体语言行为这种无声的语言时就像戴上了眼罩，根本注意不到身体所发出的信号。要知道，仔细观察对理解肢体语言的重要性和仔细聆听对理解口头语言的重要性是一样的。

问题在于，这些身体语言并不难发现，但人们总是疏于观察，正像那名一丝不苟的英国侦探福尔摩斯对他的搭档华生医生说的那样："你看见了，但是你没有注意观察。"其实，大多数人都注意不到周围世界的细节变化，因此，也就意识不到周围环境的丰富多彩。一个人手脚的动作可能与他的思想或目的大相径庭，但是却没人发现。

日常生活中，我总是听到这样一些抱怨：

"我正在与这个人争吵，没想到他竟然打了我；我之前竟然没有察觉到。"

"我以为老板对我的工作很满意，但是没想到他却把我解雇了。"

抱怨的人中有男人也有女人，他们从来不曾对自己周围的世界进行过细致的观察。这并不令人惊奇，真的。毕竟我们都是从孩童长成大人的，没有人教我们如何观察其他人的肢体语言线索。小学、中学或是大学也没有开设这门课程。

幸运的是，这种技能是可以学会的，我们不用一生都过得糊里糊涂。另外，既然是一种技能，我们就能通过培训和练习让它变得更加精湛。如果你在观察力方面遇到了"挑战"，千万不要气馁。只要你愿意花时间和精力不断地观察你周围的世界，这个困难是可以克服的。

你需要做的是让观察——用心地观察成为你生活的一部分。对周围世界的观察不应该是一种消极的行为,而应该是一种自觉的、投入的行为,是一种需要付出努力、精力和专注力方可练就的能力,同时,它也应该是一种需要长期训练获得的能力。观察力就像肌肉,用则发达,不用则萎缩。

二、通过环境观察

你对自己所处的环境理解得越透彻,就越能理解当下非语言行为的含义。例如,一起车祸之后,人们首先会表现得十分震惊,然后会茫然地走来走去,他们的手会颤抖,甚至会恍惚地走向迎面而来的车辆(这种情况下,交警总是要求你待在自己的车里,这就是原因所在)。

为什么会这样?因为事故发生后,人们的整个"思考"大脑会受到边缘系统的控制,于是就会出现颤抖、迷失方向、紧张和不适等现象。在工作面试中,应聘者最初会紧张,如果在问到某些具体问题时应聘者突然出现紧张状况,我们要想一想其中的原因。

三、普遍的肢体语言行为

有些身体语言具有普遍性,例如,人们有时会紧闭双唇(仿佛要把它们藏起来),这清晰明了地说明他们遇到了麻烦或是什么地方出现了问题。这被称作嘴唇按压。

四、发现异常的身体语言

普遍的非语言行为构成了一组肢体线索:每个人的这种非语言行为几乎都是一样的。其实,还有一种身体语言线索,它是一种专属于某一个体的相对比较独特的信号。

想要识别这些特异信号的话,你需要仔细观察周围人(朋友、家人、同事和一直为你提供某些商品或服务的人)的行为方式。你对某个人越了解,或是和他(她)互动得越久,就越容易发现这种信息,因为你事先存储的数据足以令你作出一些判断。举个例子,当你发现你十几岁的儿子在参加考试前有挠头或咬嘴唇的举动时,你就应该知道他可能十分紧张

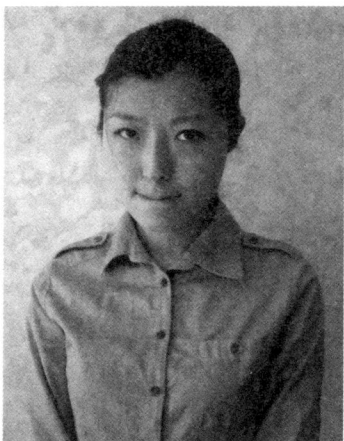

图 7　遇到麻烦时出现的嘴唇按压

或没有准备充分。毫无疑问，这样的举动会成为他缓解压力的招牌动作，以后你会一遍又一遍地看到他做这样的动作，因为"过去的行为是将来的行为最好的预演"。

五、多途径获得信息

精湛的应对能力能提高你通过观察获得多种信息的能力。集合在一起的行为信号就像七巧板的各个板块。你拿到的板块越多，把它们拼好的可能性越大，然后你就能欣赏它们组成的图案了。举个例子，我曾见过一位朋友先是一副受重压困扰的样子，紧接着又做出一连串努力保持平静的动作。我可以自信地说，她一定正在某种难以扭转的劣势中挣扎。

六、互动中了解对方基线行为

为了理解那些经常与你互动的人的基线行为，你必须注意观察他们的常态，包括坐姿，手和脚放置的位置，姿势及面部表情，头的倾斜度，甚至包括他们放置自己物品的位置，如通常会把钱包放在哪里。你需要能够分辨出他们的"正常表情"和"重压下的表情"的不同之处，没有找到基线的你就像那些直到孩子生病才知道检查孩子的喉咙的父母，当他们带孩子去见医生时，他们会竭力试图向医生描述自己所看到的情况，但是由于没有参照物——因为他们没有观察过孩子健康时喉咙的样子——他们的描述总是派不上用场。要知道，只有多对正常的东西进行观察，我们才能认识和区别出不正常的东西。

即使只是一次与某人的偶然相遇，你也应该试着留意他或她在最初交流时的基线行为。因为，了解一个人的基线行为很重要，掌握了它，你便能知道对方什么时候会背离常态，这种背离的重要性和其中蕴涵的信息。

假设你是一名八岁男孩的家长，孩子正在热切期盼一次大型的家庭聚会。按照历年的规矩，大多时候你都站在正在等候向大家问好的儿子旁边。他大方地向众人问好，然后给每个家庭成员一个诚恳的拥抱。但是，当需要拥抱张叔叔时，他却呆住了，站在原地动也不动。

"怎么了？"你小声地问道，同时将他推向正在等待他拥抱的张叔叔。

你儿子什么话也没说，但是他非常不愿意回应你的肢体行为。

这时候的你该怎么办？你需要注意，你儿子的行为正在背离他的基线行为。以前，他总是毫不迟疑地去拥抱他的叔叔，为什么这次会有这么大的反差呢？他"冰冷"的反应说明他感到了威胁，或者有些不好的事情发生了。他的害怕可能毫无理由，但是作为观察者和敏感谨慎的家长应该对这种警示信号提起注意。你儿子的异常行为说明他和他叔叔之间在上次见面时可能发生了不好的事情。可能只是简单的意见不合、年轻人的尴尬或是对叔叔偏爱其他人的一种抗议。但是，这种行为也可能说明他们之间真的发生了什么险恶的事。重点在于，一个人的基线行为的变化总能说明某些地方肯定出了差错，而在某些特殊情况下，这些变化是在警告你要格外注意。

七、通过变化了解对方的思想、情感、兴趣和意图

行为的突然变化表明一个人正在对某种信息进行加工或调试。当一个满心欢喜奔向主题公园的孩子被告知公园已经关门的时候，他的行为会立刻发生变化；当我们从电话里听到不好的事情或看到某种令人伤

心的事情时,我们的身体会马上对这种改变作出反射。

一个人行为的变化还能反映出他或她在某种环境下的兴趣和意图。这些行为能够帮助我们预测即将发生的事,于是,精明的观察者总能从中获取额外时间。

八、区分舒适与不适,帮助你找到译解非语言行为的侧重点

我用自己的毕生所学总结出了两大侧重点:舒适与不适。这是我观察肢体语言交流的两个基本立足点。学会准确地解读其他人身上的舒适与不适线索能够帮助你译解他们的肢体和其他人真正想传达的信息。当你对某一行为的意义产生怀疑时,不妨问问自己,这样的行为看起来舒适(如有没有满足感、幸福感或松弛感)还是不舒适(如显示出不高兴、不幸福、有压力、忧虑或紧张)? 大多时候,你都可以把观察到的行为归为这两类(舒适行为和不适行为)。

九、注意发现虚假的或误导性的非语言行为

练就这种区别真线索和误导性线索的本领需要大量的实践和经验,不仅需要用心的观察,还需要缜密的判断。关于一个人的举止的诚实度和各种动作的细微差别,将在后面加以讲解。这种技能将帮助你准确地解读你想解读的人。

十、细微观察

要想充分利用肢体语言行为,你必须仔细观察他人,并准确地解译他们肢体语言行为的含义。但是,你这么做时肯定不希望表现得太明显。很多第一次试着寻找非语言线索的人总会盯着别人看,显然,这种方法是不值得提倡的。最理想的境界是,虽然你在观察别人,但别人却不曾察觉。也就是说,要尽量做到不引人注意。

随着观察技能的日益精湛,你一定可以做到这一点的。这只是练习和坚持的问题。

第二部分

影响人一生的 15 种肢体语言

第二章　面部篇

　　面部表情比其他任何部位的表达都要丰富,它们是一种普遍使用的语言,是一种跨文化的通用语。从人类发展之初,这种国际通用语言就成为了一种有效的交流方式,它能够帮助我们理解那些语言能力较差的人。

　　人类的面部肌肉十分丰富,它们能够帮助人类做出各种不同的表情。据统计,人类能做出的面部表情达上千种之多。不管是婴儿、小孩、青少年、成人还是老人,他们表达不舒适的表情都是一样的,这种表情全世界通用。同样,我们也能识别出各种舒适的表情。

　　虽然我们的脸能够非常诚实地表现我们的感觉,但它们却不必一直那么做。因为,我们能够从一定程度上控制它们。也就是说,我们可以做出违心的表情。其实,我们一直在接受这样的教育。小时候,父母总是警告我们不要做鬼脸,哪怕是碰到难吃的饭菜,哪怕是遇到自己不喜欢的人,也要勉强装出笑脸。于是,我们越来越习惯和擅长"说谎"。

　　所以,尽管面部表情可以提供各种有意义的信息,让我们了解别人的思想和感觉,但是,我们要谨记,这些信息有可能是虚假的,需要我们认真辨别。

第 1 种肢体语言:眼

　　如果看不懂别人的眼神,那你和别人交往就太费劲了。其实,不只人的眼睛能表达出内心感受,即便是动物的眼神,也直接表达其感觉与反应。如一只警惕的猫、一只受伤的狗……无论人类或是动物的眼神,都直接表达了内心的思想、欲望和情绪等等,无法虚饰隐匿,因此说"眼睛为心灵之窗"。

当你与人说话时,面向说话者是一种礼貌,也是一种艺术。因为这样可以使自己的情绪展示于对方的视线之内,同时也可以观察对方的神态,从对方的眼神中获取了解对方的信息。

观察别人的眼睛,总是能轻易帮我们洞察别人的内心世界。可现实生活中,我们却经常在刻意躲避别人的眼神,我们被别人的目光打败,同时我们也丧失了从别人眼神中获取信息的大好机会。

用我们的眼睛,试着从别人的眼神中去捕捉我们需要的信息吧!

目光语

目光,犹如一面聚焦镜,凝聚着一个人的神韵气质。它就像"心灵的窗户"那样倾诉着感情,沟通着心灵。可以说我们整个的内心世界都可以通过眼睛的千变万化表现出来。有人精辟地总结说:"在所有的面部表情中,眼神是最生动、最复杂、最微妙也最富有表现力的一种。"

当一个人的眼神开始流露,这不是无缘无故随便表现出来的,而是在大脑的支配下,通过他的主观意识后才注入他的眼睛的,然后双方用眼睛交流相互的态度。这两种功能结合在一起后,就形成了我们所见到的眼神,即"目光语"。我们可以通过眼睛来恰当地传达自己的感情。通过眼神的表达,我们会把自己的心理变化、学识、品德、情操、性格、审美观等,毫不掩饰地呈现给他人。我们也可以通过识别不同的眼神、眼睛注视的方向、注视时间的长短,来了解一个人的思维、情绪、感情、愿望、喜爱或厌恶、赞成或反对、诚实或虚伪等。在社交场合的沟通中,一方面,我们主张以坦诚的目光表达自己最真挚的情感;另一方面,我们又要善于解读他人瞬息万变的眼神信息,尽量从对方的眼神中挖掘出更多隐秘的心理变化。只有这样,我们才能达到运用眼神进行有效沟通的目的。

尽管我们可以通过眼神的灵活运用在不同的场合表达出不同的含义。但是在正常的人际交往的过程中,运用眼神来传情达意还要注意以下两点：

第一，掌握好运用眼神的时间。心理学的研究表明：人们视线相互接触的时间，通常占整个交往时间的30％—60％。在这个范围内，对方可以明显地感觉到我们对他的尊重和重视，同时也不会使他感到拘谨和不自然；如果视线交往的时间超过60％，则表示彼此对对方本身的兴趣可能大于交谈的话题；如果视线交往的时间低于30％，则表明一方对另一方的谈话根本不感兴趣。曾经有一个商人向他的朋友抱怨说："我的合作伙伴和我谈话的时候，总是不看着我，不是看着别人，就是眼神游移不定。且不说对我尊重不尊重，我简直不知道他在想什么，这常令我感到担心和不知所措。"而视线接触的最适宜时间，除关系十分密切的人外，一般连续注视对方的时间不超过3秒，过长时间的视线接触会让对方觉得你对他本人的兴趣大于他的话语，会让对方感到不适，同时也表现出你自己的无礼和冒犯。如果你在路上或人群中行走，双目直视前方，旁若无人，那你的眼睛就无声地说出：我是一个高傲的人、"了不起"的人。反之，如果频频左顾右盼，张望不停，那么你的目光会告诉人家："我心中有事"，或"戒心十足"，或"心怀鬼胎"。

第二，注意眼神表达的范围。适度地注视对方，注视的位置要根据与对方的人际关系亲疏而定。如果是自己的亲人，比如父母、兄妹、恋人等可采取亲密注视的范围。这其中还分为近亲密注视与远亲密注视两种。前者主要是指视线停留在两眼和胸部之间的三角区，后者主要是指视线停留在两眼和腹部之间的长方形区域。

如果在和人交谈的时候眼神发虚或东张西望，就会让对方产生一种不踏实的感觉。这样我们的话还没出口，就会让对方对我们有了看法。

另外，以下的几种眼神所传递出的信息也可以表现出一个人的修养和品行。因为一个有教养的人会控制好自己的情感，不会轻易地让不利于交往的情感从眼睛里流露出来。

下面让我们来看看在不同的情境下，眼神所能表现出的不同功能。

1.注视

注视行为主要体现在注视的时间、注视的部位和注视的方式这样三个方面。

注视的时间。我们和有些人谈话感到很舒服,有些人则令我们不自在,有些人甚至看起来不值得信任,这主要和对方注视我们的时间长短有关。

同性之间进行交流时,一个人不诚实或企图撒谎,他的目光与你的目光相视往往不足全部谈话时间的三分之一。如果某个人的目光与你的目光相接超过三分之二,说明你很吸引对方,这时他的瞳孔是扩大的;当他对你怀有敌意时,向你表示无声的挑战,这时他的瞳孔会缩小。若想同别人建立良好的关系,在整个谈话时间里,你和对方的目光相接累计应达到50%至70%的时间。只有这样,才能得到对方的信赖和喜欢。相反,若你在交谈时眼睛不看着对方,那你自然很难得到对方的信赖和喜欢。

与不太亲密的异性之间进行交流时,不论男女都不可长时间地注视对方,而且眼光必须诚恳善意,否则会引起异议。

注视的部位。在洽谈业务、磋商和贸易谈判时,眼睛应看着对方额上的三角地区(以双眼为底线,上顶角到前额)。注视这个部位,显得严肃认真、有诚意。在洽谈中,如果目光总是落在这个三角部位你就把握住了谈话的主动权和控制权。

人们在社交场所,包括鸡尾酒会、茶话会、舞会和各种类型的友谊聚会时,眼睛要看着对方脸上的倒三角地区(以两眼为上线,嘴为下顶角),即在双眼和嘴之间。注视这个部位,会形成一种融洽的社交气氛。

男女之间,尤其恋人之间使用的注视部位,眼睛看着对方双眼至胸部之间的部位。

在有敌意的对视时,才会将目光聚焦在对方的一只眼睛上。此时,就有"怒视"的意思了。

轻轻一瞥用来表达兴趣或敌意。若加上轻轻地扬起眉毛或笑容,就是表示兴趣;若加上皱眉或压低嘴角,就表示疑虑、敌意或批评的态度。

在面对面的交往中,我们应针对不同对象,选择不同的注视部位。

注视的方式。眨眼是人的一种注视方式,眨眼一般每分钟5—8次,若眨眼时间超过一秒钟就成了闭眼。在一秒钟之内连眨几下眼,是神情活跃,对某物感兴趣的表示(有时也可以理解为由于怯懦羞涩、不敢正眼直视而不停眨眼)。时间超过一秒钟的闭眼则表示厌恶、不感兴趣,或表示自己比对方优越,有蔑视或藐视的意思。这种把别人扫出视野的做法很容易使人厌恶。这种人是很难沟通的。但若是与别人谈话时,过于频繁地眨眼,通常就不是因为眼球干涩而引起的自然眨眼,容易让人误解为太工于心计,让人觉得不可深交。

应当注意,交流中的注视,绝不是把瞳孔的焦距收缩,紧紧盯住对方的眼睛,这会使对方感到尴尬。交谈时正确的目光应当是自然的注视。

道别时,当握手时,更应该用目光注视对方的眼睛。

2.视线交流

哈佛大学心理学教授基特先生认为,一个人在交往中如果注意对信息接收者的视线控制,对成功交往、记忆都具有重要的意义。经过很多科学家研究表明,人类大脑中所储存的信息大部分是通过视觉器官获得的,通过听觉所获得的信息占11%,其余的则是通过其他感官获得的。从这个数字中可以得出一个人的眼睛对知识吸收的重要性。

一个成功的演说家,他在演说中不光让众人的耳朵得到享受,还能调动他们的目光。

什么是视线控制方法呢?例如,讲课时大多数教师喜欢将重点写在黑板上,在讲到某一点时,有的教师还喜欢用不同颜色的粉笔画线作出标记,这样做的目的是突出重点。这种方法就是一种对学生的视线控制。这种方法无疑会加强学生的注意力。只要我们经常有意识地使用这种方法,就能达到目的。

实验证明,视线控制对一个人的记忆力具有直接影响。曾有这样一个实验,一个学院选了两个外语水平相似的班级,教给学生一个陌生的英语长句子。区别是其中一个班把句子写在黑板上,并用彩色笔画出记号;而另一个班什么也不写。同样教5分钟左右,让这两个班的学生背诵这个长句子时,结果前一个班有45%左右的学生能背诵,而后一个班能背诵的学生还达不到35%。由此可见,利用视线控制帮助记忆的效果比不通过视觉记忆的效果要好得多。这一结果证明,喜欢将重点写在黑板上的教师教的学生,要比只是口头讲授不愿板书的教师教的学生记的内容多,而且更为牢固。用视线控制法来传授知识以加深学生记忆的事例,在日常生活中到处可以见到。

从上面这个实验得出在两个人相互交谈的情况下,有时为了最大限度地控制视线,讲话人可以用一支笔或某种指示器指着物体进行讲解,并不时用笔或指示器停留在两人的视线中间,这样,听者就会抬起头看着讲话人的眼睛,并注意倾听所讲的内容。

在人们的日常生活交往中,视线交流经常能显示出它的特殊功能和意义。

补偿功能。两个人面对面交谈,一般的规矩是说者看着对方的次数要少于听者,这样便于说者将更多的注意力集中到要表达的思想内容上。一段时间后,如果说者的视线转向听者,这就是暗示对方可以讲话。

显示地位功能。如果地位高的人与地位低的人谈话,那么,地位高的人投向对方的视线,往往多于对方投来的视线。

眼睛所视方向暗示了当事者的内心意向。一眨眼看过,就把视线垂下来者,一般是一种"我相信你,不必怕"的身体语言。

性格内向的人注视对方的时间都很短,常常会将视线移开。

在说话时,将视线集中于对方身上,这无疑表示希望强调自己的存在,或者希望对方了解自己。

初次见面的时候,首先将视线朝左右瞄射者,表示他已经占据优势。

有些人一旦被别人注视的时候,会忽然将视线躲开,这些人大体上都怀有自卑感,或有相形见绌的感受,或许也有负疚感、罪恶感。

有些人只对异性看了一眼,就会故意把视线收回来,典型的动作是视线往下一扫,这反而表示他(她)对异性的欲求很强。

抬着眼皮仰视对方的人,是怀有尊敬或信赖对方的意思。

将视线落下来看着对方,表示他有意向对方保持自己的威严。当别人以斜眼瞥你时,你可以认为那就是表示怀疑和疑问。

当老年人从眼镜上方窥视你时,也许是要把你所说的话"看"得更清楚些。

当别人视线朝下,手扶着头,下巴垂着像在打瞌睡,眼皮也下垂,这是个明显的不耐烦的"身体语言",此刻你最好知趣些,少说为妙。

无缘无故地盯着别人的眼睛看,一般人都会认为这是唐突无礼的,心理上对此会有厌恶之感。

当有多名客人来时,你不妨尝试一下如下的眼神传递:当男客人问完问题后,在回答的同时,先看看男客人,然后再转向女客人,霎时间内你再看看男客人,然后再用眼睛看看女客人,直到你将问题回答完。

这样,既回答了男客人的问题,也没有冷落女客人,而且女客人感到她也是谈话中的一个成员。如果是需要征求女客人的意见时,这种做法就更为必要。从上面这个有效的例子就可以得出,在同两个或两个以上的人谈话时,眼神的交流是非常重要的,目光同时也具有一定的补偿与语言功能。

目光最大的好处就是,在你语言达不到的地方,可以用目光去解决这个问题,只要含义是真诚的,仍然具有说服力。

3.拒绝

终止目光接触有很多种不同的方式。西方女子转移视线的办法是眼睛旁顾;中国女子转移视线却往往目光下垂。心理学家认为目光旁移好像表示态度冷淡或漠不关心;目光下垂可能让人感到这个人更为谦逊、遵从，或表示对某一严肃事情的拒绝。如果说西方国家的男子认为中国女子目光下垂的习惯是中国传统的文化间接凭证，那么中国人则可以认为西方国家的女子眼睛旁顾也是思想解放、勇敢无畏或盛气凌人的一种表现。

终止你的目光，这也是转移你与他人想法的一种有效方法。如果你想终止毫无意思的谈话，或者要把一个问题转移到另一个谈话中去，你可以采用这种终止办法，在实际行为中是很有效果的。

4.盯视

视线集中在一点上就是盯视。人们在看艺术品、动物或者自己的研究对象时适用盯视。除了特殊的需要和欣赏文艺表演以外，一般用于看非人的对象。如果用于看人，就有不尊重的感觉。如果我们在与人交往的过程中死死地盯着一个人看，特别是盯视他的眼睛，不管我们是有意还是无意都显示着我们的一种不礼貌的表现，会令对方感觉不舒服，从而对我们产生一种不好的印象。盯视作为一种特定的眼神是在某些特定场合，作为心理战的招数使用的，如果我们在正常的社交场合中贸然使用，很容易造成误会，让对方有一种受到侮辱甚至挑衅的感觉。

而且，盯视很容易让人联想到不正常的精神状态。事实上，医学证明，精神分裂症患者中很多都具有眼睛呆滞不动类似于盯视的表现。其外表特征是，他们的眼球运动尤为少，所以，他们常常看上去是目不转睛的样子。所以我们在与人的正常交往中，应该注意自己的眼神，如果我们有这样盯视他人的习惯，就很容易让人觉得我们的精神不正常，自然就会在与我们的交往中加强防备，这样我们的目的就很难达到了。

5.环视

环视就是老师或者演讲者走上讲台向周围看时那样的眼神。在讲话时先环视一周，可以使自己了解听众的具体组成、听讲态度、需求等，以便合理组织所讲内容。同时，在讲话时听众秩序不好的情况下，环视还有维持秩序的作用。

6.眯视

　　这一直被认为是一种不太友好的身体语言,它除了给人有睥睨与傲视的感觉外,也是一种漠然的语态。在西方,对异性眯起一只眼睛,并眨两下眼皮的动作,被理解为是一种调情的动作。眯视,对于漂亮女性,常常传递着一种"色眯眯"的语言,让她们感觉受到一种无形的骚扰。这样的语言常常让我们的第一印象大打折扣,所以在日常的交往中,我们应该减少这种目光语的使用频率。

　　但是,眯视也不是完全不可以用。由于眯眼使得眼睑轻微地起皱,眼睑压迫眼球,使瞳孔聚光,外观上看起来神秘而又意味深长。因此,在演讲时,在注视和环视之间适当插入眯视,可以调节气氛。

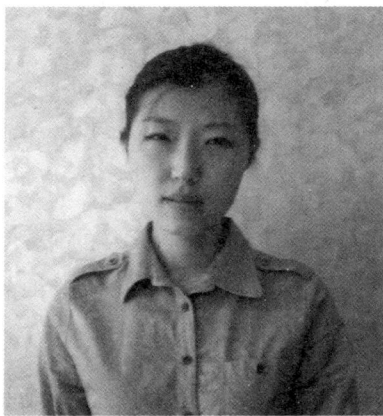

图 8　眯视

7.眼神不定

　　这样的目光是一种非常明显的没有主见的眼神,也表示出一种犹豫、举棋不定的思想状态。这样的身体语言信息会让人觉得我们是没有权力的,所以我们就变成了不值得与之商谈某事的人,也就不会得到他人心理上的认可和承认,自然不会顺利地办成任何事情的。如果我们在日常的行为中有这样的身体语言,一定要注意改正,否则我们会遇到更多的不顺和困难。

8.斜视

如果不是先天的缺陷,这样的眼神表示出的是一种轻蔑的神态。眼睛的形状常常与一定的性格类型有关。斜视眼的眼神动作通常是用来表示某个不能信任的和无耻的人的一种称号,例如大约几千年前,荷马用贬损的手法描写一个人是"腿有残疾,满脸皱纹,而且眼睛斜视"。可见眼睛斜视通常会让人觉得这样的人是不值得交往的。

可是有些人却常有斜视的习惯。一般来说眼睛斜视是为了以谨慎的态度来估计周围的环境,同时又不愿让别人察觉到自己的感情,其目的就是要隐藏而不是表达自己内心的想法和感情,也就是以一种自我保护的态度,用戒备的目光评估社会及人们的表现。

在我们日常的说话和实践中,如果能够恰当地运用眼神,就可以大大增强有声语言的表达效果。如在我们平日里与人的交往中,说话人如果用眼神和对方保持交流。眼睛中呈现出热情、真诚的神色,就会使对方感到我们对他的欢迎和尊重,同时也会认为我们是可信赖的人,自然就会真诚地和我们交流。

同样,在我们与别人交谈的时候,别人的眼神或多或少已经给了我们暗示,能不能体会别人的意图,读懂别人的眼神起着关键的作用。

从眼球运动中寻找答案

瞳孔的变化虽然很难察觉,但是它所表现出的情感也是十分重要的信息。1960年赫斯等人的研究表明:瞳孔的放大与收缩,能分别传达出正面和负面的信息,我们可以根据对方的瞳孔因何放大,判断其爱慕什么、喜欢什么或对什么感到兴奋;而根据瞳孔的收缩,也可判断对方厌恶、戒备、愤怒的对象。人类学家爱德华·霍尔曾经指出,许多阿拉伯人特别注意"观察眼睛的眼神来判断你对不同话题的反应"。

霍尔提到了心理学家赫斯曾描绘的一些发现:"瞳孔是一种非常敏感的指示计,可用来测定人们对某一情况如何作出反应。当你对某些事情感兴趣时,你的瞳孔就会放大;如果我说出你所不喜欢的事情,你的瞳孔往往会收缩。当人们进行亲密交谈或者谈兴正浓的时候，他们的瞳孔就会扩张。当人们'走神'的时候，他们的瞳孔就会收缩。"此外，"人们无法控制他们自己眼睛的反应变化；人们眼神的变化能一丝不差地泄露真情"。

现在我们从眼珠的转动来看看人们的深层心理。

眼睛时常左右转动的人，表示生活处于不安的状态之中，对于本人的言语行为缺乏自信，甚至有自欺欺人的说谎习惯。平时常常左右转动眼珠的人，说明他缺乏安全感，很可能有被伤害的幻想症，并因此而显得不安。他一定对某些事物大感不满或惧怕，因此对于自己所处的状况感觉不踏实，这种人总是显得焦躁不安。

谈话的时候，那些视线避免与你接触者，大多心怀鬼胎，不安好心，或者有所愧疚于你，这种人不是做了一些对不起你的事，就是正预备坑害你，所以他们心神不定。不看着你的脸说话的人，他们说的话与承诺皆不可当真。

与人谈话的时候眼睛的转动很自然者，一般都是心地坦荡的人。如果眼睛骨碌碌地乱转，通常给人的印象是不正经、不可信或心怀歹意之人，轻者正在心中盘算着恶作剧而使你上当；重者则正预备设套利用或者陷害你。

与人谈话的时候，把视线投到上方，或凝注于喷吐出的香烟者，表示他对于谈话内容不感兴趣，只是不愿太失礼貌而敷衍着。你应该即时改变话题以吸引他的注意，或者干脆结束这一次不被重视的谈话。

在倾听你说话的时候，对方突然向上翻弄眼珠怪怪地看你，或者突然以锐利的眼神盯着你的视线，表示他对于你所说的话有所怀疑，希望从你的情绪反应中证实你说话的可信度。

脸稍低下而抬眼看你说话的人，表示你说的话忽然引起了他的注意。如果他一直保持此姿势谈话，表示其心里有成见或者并不赞成你的意见。

图 9　脸稍低下抬眼看人

相对而谈时，对方如果眼睛堂堂正正地睁开而接触你的视线者，表示他信赖你，而且可以继续信赖。

撒谎而毫无罪恶感的人，说话时总是不用眼睛看人，再不然就是故作夸大姿态，睁眼说瞎话。

谈话时，避开你的视线而脸稍向下或者注视其低下事物者，表示其缺乏自信，想要逃避现实及责任，并没有把你的话放在心上，这时候就不应该交付责任或工作给他。

斜眼看人，或抬眼看人者，性格上大多有某些未知的缺陷，如嫌贫爱富、斤斤计较、浮夸吹嘘之类，再不然就是居心叵测，正在打什么歪主意。

说话时看着对方是对人尊敬的表示，但是要注意不能在不交谈时长时间地直视一个人，因为长时间的直视，也就是俗话说的"白眼"，很可能演变成一场争执，这意味着身体领域的扩张。不过，含有善意微笑的凝视，则表示愿意跟对方同一化。

相反的，所谓斜眼而视，就是把视线向侧面扫去，这表示怀疑、拒绝，或者是轻蔑。

视线之游移不定、东张西望,乃是表示内心的惶恐与不安以及害怕的心理。在跟人说话的时候,突然把视线收了回去,很可能是内心有"鬼"或是说谎,诸如这一类的动作单是凭常识也可以下判断的。

视觉安慰

传说中,如果婴儿每天睁开眼睛的时候能看到妈妈(爸爸)的笑脸,他(她)将来就会很爱笑,很开心,而且会长得很漂亮。很多妈妈对这一点都深信不疑。

从科学的角度讲,能不能长得漂亮这个问题,与婴儿能否看到父母笑脸之间并没有直接关系。不过不用失望,因为视觉上的舒适和宽慰,确实能促使一个人的心情好转。小婴儿如果经常能够看到父母的笑容,的确会变得性格开朗,容易开心,爱笑,这些都源于不断积累的安全感和自信心。一个人笑着的时候,就会变得比板起面孔漂亮很多。

当然,长大了之后,眼睛看到的不会每每都是父母温柔的笑容,还会看到很多让自己不高兴的负面东西。而且,年纪增长之后也不会单一满足于父母的笑容,还会拥有更多的视觉需求,比如美景、艺术品以及能引发美好幻想的东西等。不过,有两条规律是不会打破的:一是从东西的角度讲,所见之物一定是良莠俱存,本事再大的人也不能掌控;二是从看东西人的角度讲,一定是喜欢看喜欢的,不喜欢看不喜欢的。

第二条规律说出了人们最基本的心理偏好,它的深层实质内容是:看喜欢的东西,会让人心情大好;看不喜欢的东西,会让人心情变坏。这才是我们要关注的重要内容。

1.神奇的瞳孔

在测谎实验中,瞳孔实验可以强有力地证明这一点。瞳孔是虹膜(也就是常说的黑眼球,当然,不同人种的虹膜颜色是多样的)中间的一个漏洞,负责把光线透入到视网膜上。其物理功能是光线变强的时候,瞳孔就会缩小,以防过强的光线刺激视神经;光线变弱的时候,瞳孔就会放大,尽量让更多的光线投射到视网膜上,以获得清晰成像。这一切动作都是由控制虹膜的平滑肌来完成的,而平滑肌只受自主神经系统控制,无论你怎么努力,也不能进行主观控制。

有意思的是,随着进化的演进,人的瞳孔反应也变得更加复杂和高级。实验证明,人在看到喜欢的东西时,瞳孔会放大,以保证多看一些美好的景象;而看到不喜欢的东西时,瞳孔则会缩小(比如观看外科解剖手术),以尽量避免受到负面刺激。当然,只有瞳孔变化的人,都算是城府很深的高手,即使内心波澜壮阔,外表也不动声色。对于一般人而言,看见美女肯定眼睛睁大,惊叹不已;看见血淋淋的场景,早就紧闭双眼,高声尖叫。

这就是视觉应激反应的规律之一。

2.视线转移

测谎的过程中,被测试人也会试图通过眼睛来改变自己的心情。当被测试人遇到刺激而产生负面情绪的时候,比如愧疚、心虚、尴尬或者恐惧时,往往会下意识将眼睛从提问的人(这个提问的家伙就是最大的负面刺激源)或者其他刺激源(如案发现场照片)上移开,转而看其他地方。因为如果继续观看负面刺激源的话,会造成负面情绪不断积累,让自己更加难受。即使测试环境中没有好看的东西,但只要不再看到那些令人憎恶的东西(包括提问人),也会让自己感觉相对好一些。

这就是视觉安慰反应,眼神的逃避,实际上是为了安慰自己的心情。视觉安慰反应的逃避没有一定的规律,每个人都有自己的习惯,共同之处是把视线从负面刺激源上移开。因此,这个反应最重要的是一组搭配:负面刺激源+视觉逃避。

视觉安慰最典型的反应不光是逃避,更是要看向能使被测试人感觉舒适的目标。如果测试环境中有这样的目标,比如亲人,那么被测试人在受到负面刺激的时候,会不由自主地望向对方。这样的反应在法庭审判的时候经常发生,被质询的人(不只是嫌疑人)可能会在听到负面质询和审判结果的时候,转头看看自己的律师或者观众席中支持自己的人,寻求心理上的舒适。

3.两个荒谬的传说

(1)人说谎的时候,眼睛会往左看

这是一种颇为流行的观点。除了这种观点之外,在测谎节目中还有种更复杂的说法:"如果是回忆事情,大部分人的视线是往右的;如果是编造,视线是往左的。"有人解释道,这是因为左脑负责理智,右脑负责非理智。

这个结论的原始出处我们查找了很久,现在还是不知道是哪家科研机构发布的统计数据。但可以肯定的是,如果按照这个结论来判断人是否说谎,会产生大量的错误判断。

根据眼睛转动方向来判断是否说谎是典型的教条主义,根据我们的研究,这个结论最多只能是基于统计数据,也就是说有的"研究人员"统计了一些人说谎的表现,这些人说谎的时候多数眼睛向左看。暂且不论这种统计是不是真的(很多是以讹传讹),作为测谎的依据而言,是假的,是伪科学,因为视线的转动方向和左右脑的交叉控制没有关系。往左看,并不是只有左眼动。

如果说眼神的移动能够帮助抓谎,它的正解是:违背基线反应的异动。这是说谎指征。我们通过很多测试、实例证明了传说的荒谬性。

此处仅举一例。

有一次测试的时候,测试人员先问了诸如姓名、年龄等客观问题,又让被测试者心算了一道稍微复杂一点的数学题(比如 $1233 \div 3 = ?$),这些测试题目正是为了积累被测试人员的基线反应数据。

当时接受测试的小伙子在回答这些需要思考的问题时,每一次都出现了眼睛向左看的自然反应。如果按照传说中的说法,他就是在说谎了。其实不然,这些动作仅仅是他个人的习惯。

后面问到一些有压力的题目时,他的眼睛就没有出现同类的反应,进一步确认了这个结论。例如,一道关于每个月花销费用的题目问出后,视频回放显示,他的眼睛快速地向右侧瞥了一眼,然后说出了一个数字。测试完成后的分析报告显示,整套测试方案的内在逻辑可以判定他在当时确实说了谎(而不单单凭借这一个眼神的反应判断)。视觉变化违背了自身基线反应,可以作为判断说谎的线索之一。由此可见,眼睛往哪边看,与是否说谎没有必然的联系。重要的判定标准是违背基线的异动。

当然,我们尊重前辈科研人员做出的大量统计工作和结论,可能(注意仅仅是可能,因为我们没有看到相关的数据和学术报告)他们所统计的人员中,真的大多数是说谎时眼睛朝左看。不过,这种上来就盖棺定论的方式,是非常不严谨、不科学的。要判断一个人是不是说谎,一定要首先确立被测试人的基线反应。

(2)说谎的人会不会出现视觉逃避

一直以来,"说谎的人会不会出现视觉逃避"这个问题也是心理学家们争相验证的一项内容。美国的某位学者还特意通过电视剧将自己研究的结论表达出来,他认为"人说谎的时候并不像传说中那样会出现视觉逃避,而更多地会看着对方,以便观察对方的反应(是否相信了谎言)"。

实际上,迄今为止,这个问题还没有统一的结论。而且,如果单就这个问题而言,也根本不可能得到统一的结论,因为这个问题的主语是人。人的多样性决定了这个问题的答案也一定是多样性的。

大多数人在受到意外刺激的时候,都会出现视觉逃避(生理和心理共同决定),符合我们所总结的规律。

图 10   视觉逃避

　　但是，如果被测试人是有备而来呢？他希望看到自己的谎言可能会产生什么影响，希望观察到提问人的反应，进而作出下一步欺骗的努力，甚至在他认为自己得手之后，会乐于见到自己的对手被欺骗时的有趣样子。这类人接受测试的时候，会提前做好准备工作，准备好自己的骗术套路，无论什么问题对他而言都不会意外，进而让提问人逐步走进自己设下的复杂圈套，然后笑眯眯地看着对手被自己搞定。

　　你觉得这类人会通过视觉逃避来寻求安慰吗？

　　不过，仔细分析一下，我们总结的规律并没有错误，还是有效的。这种说谎的高手之所以貌似不符合视觉安慰反应规律，其实不是因为他们有多厉害，而是没有不适感，这恰恰是因为对手（测试方法）不够厉害。如果能够分析出被测试人的性格特征和行为模式，预见到他们可能采取的反测试对策，在测试过程中给予他们有效的意外刺激（也就是比高手再高一些），再高的高手也还是会出现视觉安慰反应的，唯程度不同而已（心理控制能力强大的人可以迅速控制和改变自己的反应）。因为，高手也是人。

当然,作为一门科学,我们必须承认,视线转移并不能作为判定说谎的必要条件,可能造成视线转移的原因有很多,比如思考或疲劳,有的时候就是单纯的转移,没有什么目的性。视线转移不等于视觉逃避(就算是看美好的东西也有可能歇会儿)。即使可以确定是视觉逃避,也要相应分析刺激源是什么,被测试人是什么类型。

看解剖手术时出现视觉逃避,就不能认定是说谎的反应,因为刺激源与说不说谎没关系;再者,大多数人这个时候都会出现视觉逃避,但学外科的人不会,因为那些画面对他们而言是专业,并不恐怖。这个例子说明,即使没有视觉逃避,也不能作为被测试人没有说谎的证明。

因此,观察到视线转移的时候,我们必须再进一步确定,视线转移是不是视觉安慰。如果分析判定视觉逃避的出现是因为受到了负面刺激而寻求安慰,而负面刺激源又与被测试人可能说谎(试图掩盖或者捏造)的内容相关,那么这个线索就很有价值,可以进一步挖掘。

第 2 种肢体语言:嘴

嘴部的肢体语言

和眼睛一样,嘴也能为我们提供很多有价值的信息。当然了,嘴也受大脑的操纵,也会向我们传递一些虚假信息。因此,在解读的过程中我们一定要格外小心。

1.真笑与假笑

大家都知道,笑可分为真笑和假笑。只要你肯下功夫练习,用不了多长时间,你便能分辨出真笑和假笑。有一种方法可以推进你的学习进程,即根据你周围的人对彼此的感觉,观察他们打招呼的方式。例如,假设你知道你的一位业务伙伴喜欢 A 君但不喜欢 B 君,而两个人都受邀参加这位伙伴举行的聚会,那么注意观察一下他在门口接待这两个人时的表情。你一定能立刻找出这两种笑的区别。

一旦你掌握了微笑晴雨表,你便能酌情处理与他们的关系。你还可以通过观察别人脸上的笑,估算对方对你的想法和建议的态度。得到真笑的想法值得进一步开发和跟进,而得到假笑的建议则应重新评估,或被暂时搁置。

　　这种微笑晴雨表适用于朋友、配偶、同事、孩子,甚至是老板。它能够反映人们交流过程中的各种感觉。

图 11　真笑

图 12　假笑

2.舔嘴唇

如果天气不是很炎热,而一个人老是舔嘴唇的话,面部学专家认为,这个人正在压抑着因为兴奋或者紧张而引起的内心波动。

3.嘴唇前噘

面部学专家罗特认为如果一个人出现嘴唇前呃噘的动作,那么其内心产生了防卫之心,表明他对外界的信息持有怀疑的态度,并且希望对方能够做出肯定的回答。此外,如果正在恋爱中的女孩向男孩做出这样的动作时,应视为一种撒娇的表现。我们要根据当时的情况加以判定。

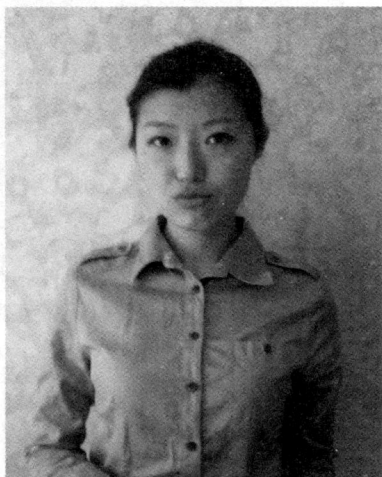

图 13　嘴唇前撅

4.嘴角向后

在与人交谈的时候,如果一个人的嘴角稍稍有些后翘,面部学专家认为这个人对对方的谈话非常感兴趣,正在集中注意力听对方的谈话。如果你的老板在和你谈话时有这样的动作,那么你就应该再填一把柴,让火烧得更旺一些,这样对你在公司的地位有很大的帮助。

5.嘴角下垂

当一个人不开心时,他的嘴角就会下垂,也就是我们经常说的撇嘴。

据面部学专家研究发现,如果一个人总是有这样的习惯,他的嘴角就会永远保持一种姿态,给人一种没精打采的感觉。

6.嘴巴抿成"一"字形

当一个人把嘴巴抿成"一"字形时,面部学专家认为这个人正在下决心,正在决定自己是否做某事。专家还发现,在遇到重大决定时,很多人都会做这样的动作,并且这样的人通常比较坚强,有种不达目的誓不罢休的精神。

7.用手捂住嘴

当一个人见到陌生人时喜欢用手捂住嘴,面部学专家研究发现,这样的人非常内向保守,常有害羞的情绪。

8.嘴唇的消失、挤压和呈倒 U 型

即将出庭作证的人总是把嘴唇藏起来,这说明他们的压力很大。我说这话时把握十足,因为,在压力状态下,藏起嘴唇是再普通不过的一种反应了。

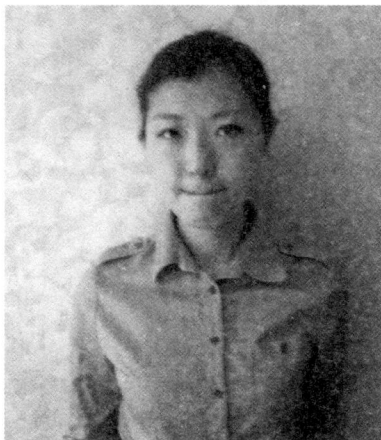

图 14　藏起嘴唇

我们常常做出挤压嘴唇的动作,仿佛是大脑在告诉我们闭上嘴巴,不要让任何东西进入我们的身体。嘴唇的挤压是消极情感的一种反映,它清楚地表明一个人遇到了麻烦,或某些地方出了问题。这种行为很少有积极含义,可能从来都没有。但这不表示做这一动作的人存在某种欺骗行为,只能说明他们当时压力很大。

我在上课时曾叫学生在隐藏或挤压嘴唇的同时对望。经我一点拨,他们很快认识到,他们能藏起自己的嘴唇,却只能将其抿成一条线。大部分人做不出倒 U 型口型。为什么? 因为这是大脑的一种边缘反应,它是很难模仿的,只有当我们真正处于苦恼或悲伤的时候,它才会出现。

9.嘴唇缩拢

注意观察一下,你或别人说话时有没有人做出缩拢嘴唇的动作。如果有,说明这个人不同意你们所讲的内容,或是他正在酝酿着转换话题。了解这一信息,有助于我们继续自己的描述,调试自己的提议或主导一段谈话。

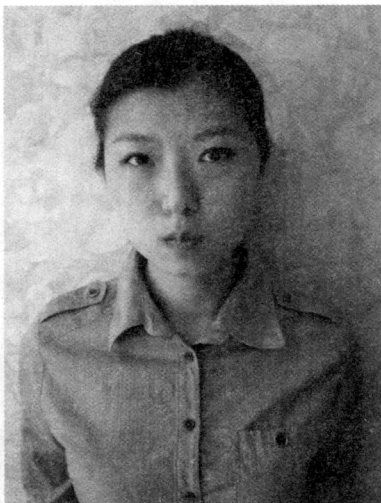

图 15　嘴唇缩拢

这种动作在审讯中时有发生。当一方律师陈述时,另一方律师常常会缩拢嘴唇以表示意见不同。法官如果不同意律师陈述,也会做出这样的动作。另外,嘴唇的收缩还发生在警察审讯的过程中,特别是当掌握的关于某个嫌疑犯的信息不准确时,嫌疑犯会缩拢他的嘴唇表示不同意,因为他知道调查人员弄错了。

在商务活动中,嘴唇缩拢的动作屡见不鲜。例如,当有人读出合同上的某一段内容时,反对者会立刻缩拢他们的嘴唇。再或者,在讨论晋升人选的过程中,当不太受青睐的名字被提及时,有些人就会缩拢嘴唇。

10.冷笑

跟斜视一样,冷笑同样也是一种表达轻视的举动,而且在世界范围内通用。当我们冷笑时,颊肌(位于脸的两侧)会一起将嘴角拉向耳朵的方向,使脸上露出嘲笑的表情。这种表情清晰可见,哪怕只是片刻的出现,也能让人感受到其中的用意。

图 16　冷笑

华盛顿大学的研究员约翰·葛特蒙发现,在已婚的夫妇中,当一方开始冷笑对方时,他们的感情很可能已经出现了问题。

口唇安慰

弗洛伊德曾经描述过人从出生到成年的 5 个阶段,分别是:

(1)口唇期(0~2 岁);

（2）肛门期（2～3 岁，在此期间如果过为严格地要求排便，可能导致形成偏执人格）；

（3）前生殖器期（3～6 岁，开始萌发并确立性别意识）；

（4）潜伏期（6～11 岁）；

（5）青春期（11 岁之后）。

在婴儿时代，口唇是获取快乐的主要来源，婴儿通过口唇的吸吮、咀嚼和吞咽，能够满足自身大多数需求，从而建立信任和乐观的人格特征。其重要性还能从另外一个角度解释，如果少了必要的口唇刺激，比如过早停止奶的食用（包括使用奶瓶），则婴儿可能会产生悲观、不信任、愤世嫉俗甚至攻击型的人格。

由于口唇期反应留在人体神经系统中的影响过于深刻，所以一些人在成年之后，仍然会存在很多相关的近似于本能的反应，表现为某些行为退回到人生的早期发展阶段，心理学称之为"口唇期退行"。例如，在面临压力的时候，人会使用一些行为以表安慰，像吮吸手指、咬铅笔、吃糖果、吸烟和吞咽口水等。因为这些动作可以通过口腔或相关器官来告知自己的神经系统："不要怕，没关系，我在吃东西了。"

具体而言，在受到负面刺激后，常见的口唇安慰反应大致有以下几种：

1.嘴唇的动作

紧张的时候，神经密布区域的血液会加快循环，从而提供更多能量用于消耗，随之而来的是温度提升，造成皮肤表面水分流失较快。

嘴唇就是这样的器官。

人在说谎或准备说谎时，可能会感到紧张不安，嘴唇会容易变干燥，因此会产生舔嘴唇、抿嘴唇或者用牙齿轻咬嘴唇的相关反应。缓解嘴唇的不适，让这个在全身敏感度排名靠前的器官感到舒服一些，会相应改善整个神经系统的状态，获取更大程度的安慰。

因此,与嘴唇相关的这类小动作虽然看似常见且不经意,但它们如果出现在负面刺激之后,或者出现在被测试人讲完一段可疑的话之后,则具备了成为可疑线索的价值。

2.咀嚼和吞咽的动作

咀嚼和吞咽的动作直接把"吃"的信息反应给中枢神经系统。有东西吃总是好的,因为有东西吃意味着不会挨饿,可以生存。长期的进化,使得中枢神经系统对吃这个动作总是很满意,见到它很高兴。这就是为什么人在心情不好的时候,大吃一顿能一定程度上改善心情的原因。

在测谎的过程中,基本不会出现吃东西的情况。当然,也有测试方案提前安排好的饮食攻略,以抚平被测试人的情绪,建立安全感和心理亲近感。但这是测试方案中应当研究的内容,不在本书的讨论范围之内。

所以,实际的测试过程中,更多的情况是吃这个动作的变形,主要包括:磨牙、咀嚼(一般是口香糖)和咽口水(有条件的话,可能是喝水)。

在我们长期的测试经历中,发现被测试人在遇到为难的问题(需要说谎的问题)时,可能会出现磨牙的动作。具体而言,就是把嘴张开,用上下牙齿相互摩擦,而且一般是上下犬牙(尖牙)之间的摩擦。

这个动作看起来让表情呈现为威胁状态,因此也可以从微表情的角度来进行解释。不过,犬牙之间的摩擦,传递给中枢神经的潜台词就是:"我是捕食者,我在撕咬猎物(食物),不用担心,一切都在掌控中,我处在强势地位。"因此,这个动作能够很大程度上缓解因受负面刺激而产生的神经紧张状态,让被测试人感受到安慰。

如果被测试人在吃口香糖,则需要注意观察其咀嚼的频率和力度。在受到意外的刺激时(不一定是负面的),他可能会暂停咀嚼动作,这是典型的冻结反应。而在受到负面的刺激时(感受到烦躁不安或者不知所措的时候),他就可能加快咀嚼的频率和力度,试图缓解神经系统的紧张程度。需要注意的是,我们要重点观察的是变化,如果被测试人一直是比较快或者比较用力地咀嚼，那么这可能只是个人习惯（基线），不能作为判断依据。因为受到刺激而产生了变化的情况，才可能是有价值的抓谎线索。

吞咽食物相对于咀嚼而言，则更加不太可能出现在测谎的过程中，而且真的吞咽食物的话，这个动作就完全没有分析和判断的意义了。但是，没有食物却可以吞咽口水，而且，吞咽口水的动作更加可疑，也更具分析价值。

大家可以自己试试看，在正常情况下想要故意吞咽一次口水，尤其是没有口水或者口水不多的时候，整个吞咽动作还是比较复杂和费力的，因为它牵扯了口腔、舌头、喉咙以及你感受不到的食管的多器官运动。

被测试人在受到负面刺激时，可能会不自觉地通过这组复杂动作（自己并不感觉复杂，甚至有的时候感觉不到）来获取安慰。吞咽动作暗示中枢神经系统："我在吃东西了，我已经把东西吃进去了。"从而试图缓解神经系统的紧张状态。如果不是口水积累到必须吞咽的量（这一点不太好判断），而且这个动作又是出现在负面刺激之后，则可以作为被测试人不安的线索加以关注。通常的测谎教程会认为吞咽口水大多出于恐惧，实验数据也对这个结论进行了支持，但事实上，能引起吞咽口水的情绪，绝不仅仅是恐惧，还可能是尴尬（不知所措）、性兴奋（这个一般是因为太过关注而打乱了正常的吞咽，造成口水积累得太多而一次性解决）等其他原因。

总之，由刺激引发的吞咽口水（尤其是很突兀的吞咽），往往是被测试人的自我安慰反应，因此这个反应具备记录和分析的价值，有可能成为获取真相的线索。

3.味道的安慰

除了动作上的口唇安慰反应之外，还有一类反应是试图通过味觉上的刺激来安慰中枢神经系统。

有种观点认为,吸烟的人戒烟困难的原因有一部分是无法获取与香烟具有同等味觉刺激的替代品(总不能老吃东西吧? 吸烟和吃东西相比,不会造成肠胃负担)。而且,无数事实证明,戒烟成功之后,人会容易发胖,这恐怕也与吃得多有着必然的联系(也有人说是身体需求和消化功能改进,但不能否定吃得多亦是重要原因之一)。

另一方面,吸烟确实能够直接影响神经系统的状态,不管是麻醉、提神还是舒缓焦虑,烟草的确能够直接刺激神经系统。因此,吸烟在肢体语言研究中,可以作为安慰神经系统的手段之一。

传统的测谎方式(使用测谎仪),要求被测试人不能受到任何干扰,连测试人员都应当尽量坐在被测试人看不到的方位,提问的声音也要平缓悠长。因此,这样的测试方式只能用在特殊场合。

我们在做测试的过程中,会让被测试人尽量采用舒服的姿态,还会根据被测试人的习惯,提供水和烟灰缸,允许被测试人喝水、吸烟。因为一旦开始测试,被测试人所有的反应,都能够体现出他(她)对刺激源的心理变化,并通过微反应表现出来。而且,通过观察被测试人在正常状态下的抽烟习惯(确立基线),以及在遇到压力问题时的抽烟动作变化,可以更加全面地分析其肢体语言。

第3种肢体语言:鼻

鼻子虽然不能大幅度活动,但是,由于它处于面部的中心,它引起的周围的变化却很多。比如皱鼻子,还有歪鼻子,这表示不信任;鼻子抖动是紧张的表现;哼鼻子则含有排斥的意味;鼻子可以向上翘起来,这一动作跟鼻子堵住时的样子差不多,往往是用来表示轻蔑的,即所谓"嗤之以鼻";嗅鼻子是对任何气味都有的反应;而遇到比较强烈的情绪出现时,比如发怒或者恐惧,人的鼻孔会张大,鼻翼翕动,跟大量的呼吸相配合。

另外,过于专注时,鼻头则会有出汗的情况。

思考难题或者极度疲劳的时候,会用手捏鼻梁;特别无聊或者遇到挫折的时候,则常用手指挖鼻孔。这些触摸自己鼻子的动作,都可视为自我安慰的信号。

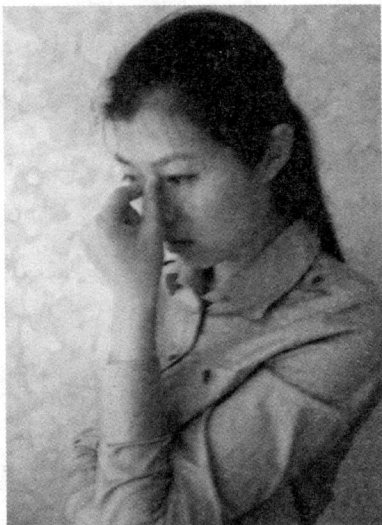

图 17 触摸鼻子

如果有人问我们一个难以答复的问题,但我们为了掩饰内心的混乱,而勉强找出一个答案应付时,手会很自然地挪到鼻子上,摸它、捏它、揉它,也许还可能特别用力地压挤它,好像内心的冲突会给精巧的鼻子造成压力,而产生一种几乎不为人知觉的瘙痒感,以至于我们的手不得不赶快来救援,千方百计地抚慰它,想要使它平静下来。这种情形常见在不会撒谎的人的面部表情上。

触摸鼻子的手势一般是用手在鼻子的下沿很快地摩擦几下,有时甚至只是略微轻触。和遮住嘴巴一样,说话者触摸鼻子意味着他在掩饰自己的谎话,聆听者做这个手势则说明他对说话者的话语表示怀疑。

美国芝加哥的嗅觉与味觉治疗与研究基金会的科学家发现,当人们撒谎时,一种名为儿茶酚胺的化学物质就会被释放出来,从而引起鼻腔内部的细胞肿胀。科学家们还揭示出血压也会因撒谎而上升。血压增高导致鼻子膨胀,从而引发鼻腔的神经末梢传送出刺痒的感觉,于是人们只能频繁地用手摩擦鼻子以舒缓发痒的症状。

不过,我们必须牢记一点,触摸鼻子的手势需要结合其他的身体语言来进行解读,有时候人们做出这个动作只是因为花粉过敏或触摸鼻子的手势者感冒了。单纯的鼻子发痒往往只会引发人们反复摩擦鼻子这个单一的手势,而和人们整个对话的内容、频率和节奏没有任何联系。

鼻孔张大也是一种有效的非语言信息,它表示一个人情绪的高涨。相爱的人常常寸步不离,兴奋和充满期待时,他们的鼻孔就会张大。鼻孔张大还是一种意图线索,表明一个人将要做出某一个动作,可以是爬一段陡峭的楼梯,也可以是移动一个书橱。

作为一名执法人员,当在大街上看到有人同时做出下列几个动作:注视下方、双脚摆成"斗拳姿势"、鼻翼扩张,就要怀疑他会做三件事:争论、跑开或打架。如果你身处一个危险的环境中,或者是一个紧张的氛围下,一定要注意观察这种鼻翼扩张的行为。

肢体语言专家们认为,当人们从一个地方到另一个地方乘车去旅行的时候,他们鼻子所表现出来的动作最为复杂。原因是人们在车上与陌生人交谈时,说话的声音会压得很低,很多声音都是通过鼻音发出来的,在人们看来,与陌生人交往要警惕,不要轻易暴露自己的真实身份。专家们从这些人的鼻子变化就可以判断出他们的内心变化,认为这些人都是一些思想保守、不敢敞开心扉的人。

肢体语言专家们根据他们的观察得知,在有异味和香味刺激时,鼻孔会有明显的伸缩动作,严重时,整个鼻子会微微地颤抖,接下来往往就会出现"打喷嚏"的现象。专家们还认为,这些"动作"都是在发射信息。

肢体语言专家们的培训讲义上有一段关于鼻子动作的描写:一位男主角看到一位漂亮的小姐,为了表现出他的与众不同的吸烟方法,他向空中吐着烟圈,然后烟圈飘向那位漂亮的小姐。小姐没说什么,只是鼻子紧巴起来了。男主角问道:"小姐,你讨厌烟味吗?"那位漂亮的小姐没有应答,还是继续紧巴着鼻子。

对于这一段描写,专家们给出的分析是:漂亮的小姐紧巴着鼻子已经表达出了她的讨厌情绪,遗憾的是,那位男主角竟然没有看出来,反而去问了一个不该问的问题。这样做自然要碰钉子。

肢体语言专家们建议:如果在和陌生人说话的时候,对方的鼻子紧巴起来了,就要尽快终止和陌生人的谈话,因为这个人对你的谈话已经表现出了不耐烦,如果还继续纠缠对方的话,对方的鼻子的动作会更加频繁,同时也会影响双方谈话的质量。因此,如果在社交中遇到比较厌恶的人与自己交谈时,为了尽快结束谈话,不妨通过鼻子的动作向对方传递一些信号,再加一些脚部的动作,效果会更好。

西方人讲话时无意识地将一食指放在鼻子下面或鼻子边时,别人一定会理解为讲话人"讲的不是真话",听众也常有意用这一动作表示"难以相信"。我们常常见到西方人很精确地用一根指头横在鼻子下面,表示着他的反感或者说是不赞成。

人们普遍认为,肮脏就是丑恶。那么由此而引申,和肮脏有关的手势无疑也就成了侮辱性的了。这类手势和信号在世界各地都可以发现,它们大都和人类的废弃物有关。比如唾沫、鼻涕、尿和粪便,但有时也和动物的粪便有关。

在英国,有一种广泛流传的象征性侮辱手势,就是在对话者面前用一只手拉想象中的厕所水箱绳,用另一只手捏住鼻子。类似这种手势的另一种形式就是冲着他人捂住鼻子,好像是闻到了臭味。多数国家和地区的人们普遍认为这是一种强烈的侮辱信号。

西方的不少国家还可以借助鼻子作出不少侮辱性动作。例如,以食指上推鼻子,表示某人"自以为是""谄上傲下"或"不可一世";在鼻子尖上捻动一下拳头,表示"谄媚讨好"或"拍马屁";将拇指按住鼻尖摇动其余四指,或十指分开、双手相接在鼻子前摇动,用来表示某人是个"傻瓜",不过这种动作在很多国家都不受欢迎,原因是它让人感到不快,近来这一动作更是变成具体表示:"拍我的马屁吧!"

如果你是一个演讲者或者是一个谈判者,或是一个推销者,一大圈人围坐在一起,在传达你的意思的时候,要注意其他人对意见的接受程度,从他们的鼻子上就可以得到这个答案。当然,我们也不要太过敏了。有不少人对自己所表示出的一些动作他自己也没有意识到,希望你在关键时候不要做出一些让人引起误会的动作。

第 4 种肢体语言:眉

离眼睛很近的眉毛本身并不能讲话,但它却可以通过屈皱、舒展、高扬、倒竖等种种形状的变化,表现出我们的各种内心感情和心理活动,从而向人们传达出内心的情感信息。

过去曾有人认为它们主要的功用是防止汗水和雨水滴进眼睛里,其实不然。眉毛本身是有这种功能,但更重要的还是与表情相结合。眉毛在表情中的表现力十足,"眉飞色舞""扬眉吐气""眉清目秀""横眉立目"等,这些都跟眉毛的活动有关。

眉毛之所以可以表达这么多种表情含义,是因为它下面的肌肉比较发达。这些肌肉可以随意或不随意地调动眉毛,或者调整眉毛的形状,以达到表现效果。可以调整眉毛的肌肉有正好位于眉毛下面的皱眉肌、位于两眼之间的三棱鼻肌、位于眼睑之下的眼睑轮匝肌。这些肌肉在人们深思、苦恼、大哭等状态下会相继收缩;精力旺盛时,或者心情舒畅时,眉毛的内侧会因为三棱鼻肌的收缩而向上扬起来,同时又因为皱眉肌的收缩而使眉毛外侧向下拉下来。

眉毛对于我们表情的功能,就是更加充分地展示我们内心深处的感情变化。心情愉快的时候,眉毛周围肌肉舒展,眉毛的形状也发生了改变,特别是欢笑时,眉毛上扬,这就是所谓的"喜上眉梢""眉开眼笑"。在恐惧或者担心时,它们经常会竖立起来,这个时候眉毛看起来会比以前粗重一些。鲁迅说"横眉冷对千夫指",其横眉,就表示出对敌人的轻蔑,同时也表示出自己无畏的情态,可见眉毛所传递的情感是非常准确的。

事实上,在整个面部表情中,我们很难把眉毛和眼睛隔离开来分析。眉毛的动作是对眼神的一个非常充分的补充和配合。当我们感到糊涂、茫然不知所措、焦虑或者伤心失望的时候,眉毛通常呈里端向上外侧向下的歪斜状;而那种冷静、情绪稳定的人眉毛一般都会比较平直,要么两边相对是笔直的,要么两边对称呈弧形;当一个人感到烦恼、忧心忡忡或者是心理负担过重的话,皱眉肌就会把两道眉毛牵拉到一起,这时我们就会看到那副熟悉的"眉头紧锁"的样子。

每当我们的心情改变,眉毛的形状也会跟着改变,产生许多不同的重要信号。

1.皱眉

皱眉可以代表很多种不同的心情,例如:惊奇、错愕、诧异、快乐、怀疑、否定、无知、傲慢、希望、疑惑、不了解、愤怒和恐惧。我们想要真正了解其意义，只有从原因上探究。

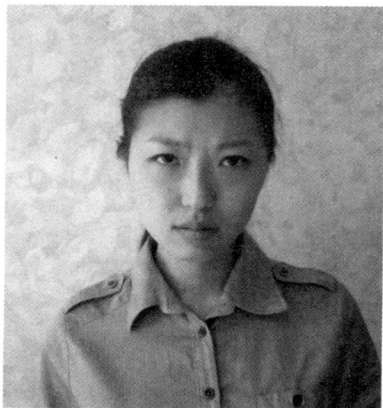

图 18　皱眉

眉头深皱的人，一般都是很忧郁的。他们基本上是想逃离目前所处的境遇，但却经常因为某些原因不能如此做。如果一个人大笑而皱眉，说明这个人的心中其实是有轻微的惊恐和焦虑。他的姿势中泄露出明显退缩的信息。虽然他的笑可能是真的，但无论他笑的对象是什么，都给他带来了相当的困扰。

皱眉，通常表现出的都是愤怒或为难的情绪。"粗且浓厚的眉毛"在文学作品中意味着具有男子气概，而"皱紧的眉头"则强调了非常紧张的情绪。

2.低眉

当人们受到侵略的时候通常呈现出这种表情，因为这是一种带有防护性的动作，通常只是要保护眼睛免受外界的伤害。

当然在真正遭遇危险的时候，光是低眉仍不能有效地保护眼睛，一般情况下还需要将眼睛下面的面颊往上挤，以尽可能提供最大的防护，这时眼睛仍保持睁开并注意外界动静的状态。这种上下压挤的形式,是面临外界攻击时典型的退避反应。眼睛突然见到强光照射时也会呈现这样的状态。另外当人们有强烈的情绪反应,如大哭、大笑或感到极度恶心的时候,脸上也会产生这种情状。

很多人都把一张皱眉的脸视为凶猛的象征,而很少想到那其实和自卫也有关系。而一张真正带有侵略性的、无畏怯的脸上,呈现的反而是瞪眼直视、毫不皱缩的眉。

3.眉毛一条降低,一条上扬

这样的形态所传达的信息介于扬眉与低眉之间,一般表示一个人半边脸显得激越,半边脸显得恐惧。而眉毛斜挑的人,心里通常处于怀疑的状态下,因为扬起的那条眉毛就像是提出的一个大大的问号。

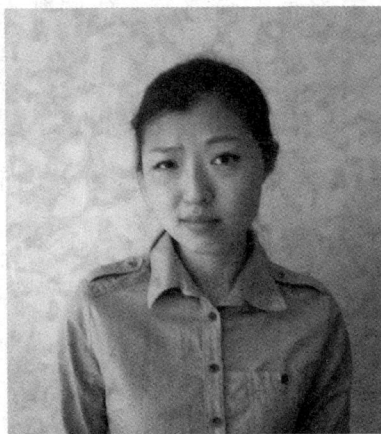

图 19　眉毛一条降低、一条上扬

4.耸眉

这样的眉毛动作也经常出现在人们交谈的过程中。人在热烈谈话时,差不多都会重复做一些小动作以强调他所说的话,大多数人讲到要点时,会不断耸起眉毛,那些习惯性的抱怨者絮絮叨叨时也会这样。

5.眉毛打结

一般是指两条眉毛同时上扬及相互趋近,和眉毛斜挑一样。这种表情通常预示着严重的烦恼和忧郁,比如一些患有慢性疼痛病症的患者就会经常如此。而隐性的剧痛产生的是低眉而面孔扭曲的反应,较和缓的慢性疼痛就会产生眉毛打结的现象。

6.双眉上扬

如果一个人在谈话的过程中将双眉上扬,则表示出一种非常欣赏或极度惊讶的神情。

图 20　双眉上扬

7.单眉上扬

一条眉毛上扬,通常表示不理解、有疑问的意思。

8.闪动的眉毛

在某些特定的情况下,眉毛的内侧端会拉得比外侧端高,而成吊梢眉似的夸张表情,一般人的心中如果并不那么悲痛的话,是很难勉强做到的。眉毛先上扬,然后在几分之一秒的瞬间内再降下来,这种向上的闪动的短暂动作,是看到其他人出现时的友善表情。它通常会伴着扬头和微笑的神情,但也可能单独表现出来。眉毛闪动也常见于一般的对话里,这是作为加强语气而应用的。

9.眉毛迅速上下活动

这样的动作和闪动的眉毛很类似,一般说明一个人的心情愉快,内心赞同或对你表示亲切。

10.眉毛倒竖,眉角下拉

如果我们看到了这样的动作,则说明对方处于极端愤怒或异常的气恼中。

11.眉毛完全抬高

这表示出的是一种"难以置信"的神情。

12.眉毛半抬高

表示"大吃一惊"的神态。

13.眉心舒展

表明这个人的心情坦然,处于愉快的状态中。

14.眉毛自然

这样的情形出现在谈话中通常表示他"不作评论"。

15.眉梢上扬

这表示有喜事降临的意思。

16.眉毛半放低

一般这样的动作都用来表示"大惑不解"。

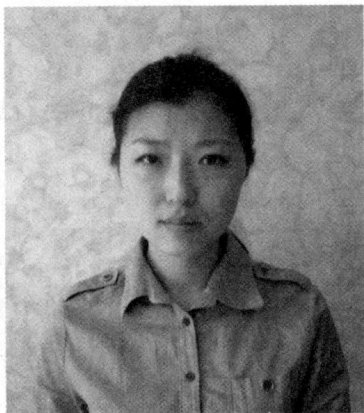

图 21　眉毛半放低

17.眉头紧锁

表示这个人的内心深处忧虑或犹豫不决的状态。

18.眉毛全部降下

表示的是"怒不可遏"的状态。

小知识:国际肢体语言运用集锦

1.英语国家肢体语言运用集锦

常用扬头动作招呼人过来,而用前额和下巴指点方向。

说谎时常用手遮住嘴,或用食指摩擦鼻子或眼睛,也有人在怀疑谎言被揭穿时习惯拉拉衣领。

对别人讲的话感到怀疑时常常抓耳朵,搔脖子。

对某事进行评估时,往往一手握拳贴在面颊处,而且常常食指伸出指向前方。

文职人员在授旗仪式上或宣誓时的敬礼动作是将右手常按在左胸上。双手放在胸前表示诚实、恳切或无辜,也用以指自己。

让人安静时,英语国家的人是将食指贴在嘴唇边,同时发出"嘘、嘘"声。

用 V 形手势表示胜利是手心向外。如果手心向里,人们则会理解为一种掩饰的或强化的举起中指的辱人动作。

在太阳穴处用食指划一圈,表示某某简直是疯了或太古怪了。

英语国家的人常常用两个食指推起双眼的外眼角,表示东方人。

用食指或拇指指着自己的胸部指的是自己。

英语国家的人有时出于某种需要,指点自己右手结婚戒指表示自己已婚。

表示谄媚、讨好或拍马屁时,在鼻子尖上捻动一下拳头。

英语国家的人用一只手或同时用两只手的食指与中指交叉,举在胸前表示但愿如此或祝你成功。

以手势指示时,英语国家的人极为讲究掌心的朝向。他们认为,手掌朝上是一种顺从的、无威胁性的姿势;手掌向下是权威的支配性手势。手心向上,态度礼貌而诚恳;手心向下时,则会激起对方的反感;手握拳并伸出食指,则像伸出棒子一样,大有迫使对方服从之势,因此最易激怒人。

英语国家的人很注意大拇指所表示的含义。这种手势有三种基本含义:搭便车;表示好或赞同;将拇指用力挺直则有骂人的意思。

英语国家的人挑大拇指一般也表示赞扬,甚至还可以双挑大拇指,以加强赞扬的程度。但是,如果双拇指向下,则表示剑向下猛刺,喻指死亡,现在用以喻指不、坏、我不同意或我不喜欢等。

表示没有了,英语国家的人习惯于两手向前伸出,手掌翻动几下,或只是两手向前摊出。

表示后悔时,英语国家的人的习惯动作是右手握拳猛击左胸、用手掌摩擦颈背或拍打前额。

在交谈中,如果美国人低下头、垂着手、闭眼,那意味着他希望中止交谈。而当他有不懂的问题时,就会把手抬起来,翘着下巴,睁大眼睛。在英国,有礼貌的听众总是聚精会神地盯着说话的人,并不时地眨眨眼睛,表示他对所谈的问题感兴趣。然而眨眼睛对美国人却毫无意义,他们所希望的是听众点点头,或者喃喃地说上一些什么话语,比如说"嗯、嗯"之类,若配合点头,则可表示强烈的赞同。

美国人不以扬眉来打招呼。

按照英国人的习惯,手心朝下伸出向人招手,这是表示"再见"。

英语国家的人极为重视个人的领地范围,从家庭生活到工作环境和公共场合,都明确划分并坚决维护自己的领地范围。

在家中,每个人都有他人不可侵犯的领地。厨房、起居室和卧室一般是妻子的领地,书房、工作室、地下室、车库、图书室和院子则是丈夫的领地。家庭主妇习惯于把厨房看成是体现女主人权利的神圣场所,她们对厨房有着强烈的感情,甚至母亲和亲生女儿都不得随便入内;丈夫的坐椅一般也是其他家庭成员不可侵犯的神圣领地。

在礼节上,英语国家遵循女士优先的规矩。女子在被介绍给他人时,除非对方地位极高,或自己是接待客人的女主人,一般是坐着不动的。用餐时,英语国家的人都坐着不动,只是相互用一只手传递盘碟,各人也只给自己夹菜,或拿着盘子让坐在两边的人夹菜。英语国家的人认为接递一张名片、一杯茶或一件小礼物,不必起立并用双手。

屈膝礼是英语国家女子的礼节,现在只限于女童面对上司和向来访的知名人士献花之时才采用。成年女子只在向皇家贵族和教堂高级神职人员致意时才行屈膝礼。

在英语国家,举帽、脱帽和触帽等动作是男子向女子表敬意、打招呼和送别时的动作。此外,男子之间在室外相遇握手时也必须摘下帽子。表示敬意的简化脱帽动作及强调和延长的动作有:一手触一下帽或举一下帽;一手握帽,置于身体一侧;双手握帽放在胸前;右手持帽贴在胸口等。后面这些动作所表示的态度更为谦恭。手持帽子盖在胸口是向旗帜和死者致意的动作。

英语国家还有一种"飞吻"动作,其方法是吻一吻自己的一只手或双手手指,然后做出抛向对方的姿势。这是向距离自己较远的人做出的感情表达或礼节性动作,常常用于问候、道别或演员向观众表示道谢之时。现在,"飞吻"这一动作在我国也很流行。

2.日本肢体语言运用集锦

日本人愿意席地而坐。

日本人至今盛行鞠躬。据统计,一个日本公司女职员每年平均要鞠躬几十万次之多。

日本人在谈话时,直瞪瞪地瞧对方的脸就是失礼了。他们规定只能看着对方下巴下一点的脖子的位置,使对方的脸和眼睛处于自己视界的边缘。

日本人认为扬眉是轻佻、不庄重的举止。

把手指放在喉咙上,日本人做这个动作,表示被人家炒了"鱿鱼"。

用手指做"OK"在日本代表"金钱"的符号。

微笑对日本人而言,并不一定表示愉快,也可以表示尴尬。

3.欧洲肢体语言运用集锦

在意大利等国家,见面简单地碰一下耳垂,认为你在说他太女性化,应该戴耳环。

瑞典的拉普兰人互擦鼻子以示问候。

保加利亚人摇头表示同意,点头表示反对。

意大利、西班牙人用左手食指放在下眼睑上往外一抽,这是提醒别人"当心!""请注意!"

瑞典人交谈时习惯于频送秋波。

斯堪的纳维亚人交谈时,谈话人之间相距1.2米左右,北欧人则保持1米左右,而意大利人则只有30厘米至40厘米的距离。

4.非洲肢体语言运用集锦

在肯尼亚的洛人部落女婿与丈母娘讲话时,必须背对背,或者用眼盯视着说话者周围的东西。

埃及人的问好动作像敬礼。

一些非洲民族见面时,相互拥抱,把面颊贴在一起。

5.拉美地区肢体语言运用集锦

将手朝下一挥,在阿根廷、乌拉圭和委内瑞拉都表示赞扬,意思是:"嘿! 好样的!"而在秘鲁,这个手势的意思是:"啊呀,我弄错了!"在智利,这个动作的意思是:"瞧,出什么事啦?!"

南美印第安人部族图托和保罗罗人交谈时,眼睛要朝四面八方看,若在公众场合下讲故事,讲话者要背向听众,眼睛要盯着屋角。

6.其他地区肢体语言运用集锦

太平洋群岛上的波利尼西亚人见面时,边拥抱边抚摸对方的后背。

因纽特人用拳头捶打熟人的头和肩。

第三章　身体篇

第5种肢体语言:头

点头

点头是表示肯定的肢体语言,大多数国家都用它来表示肯定。对于天生的聋哑人和盲人进行的研究表明,他们也使用这个姿势来表示肯定、确认的意思。这产生了一种理论,叫作"天生的姿势"。

一般来说,点头的动作,大多表示肯定或者赞成的态度。然而,专家们认为:点头的动作在某些场合也会发挥出巨大的威力,在合适的时机,恰当的点头技巧可以成为相当具有说服力的工具。

专家们研究显示,如果聆听者每隔一段时间就向说话人做出点头的动作,每次点头次数为3次,这样就会使说话人比平时健谈3至4倍。另外,点头的频率也能够显示出聆听者的耐心程度。快速的点头动作是在告诉说话人,你已经听得不耐烦了,或者是催促说话人马上结束发言。如果说你对说话人的内容比较感兴趣,就应该向说话人缓缓地点3次头。

关于点头方面的实验,有以下的结果。

第一,当对方针对谈话内容或音律,向你做点头的动作,表示其对你某种承诺的允许及好感。

第二,在两人的谈话过程中,对方的点头超过3次,表示不耐烦或有否定的意味。

第三,若点头的动作与谈话情节不符,表示对方不专心,或有事情隐瞒。

摇头

在日常生活中,我们经常看到有人用"摇头"或"点头"以表示自己对某件事情看法的肯定或否定。但是,如果你看到一个人经常摇头晃脑的,那么你或许就会猜测他不是得了"摇头病",就是神经病了。

不过,如果我们撇开这种看法而从肢体语言的角度来看的话,这种人特别自信,以至于经常唯我独尊。他们也会请你帮他办事情,但很多时候,你做得再好他都不怎么满意,因为他有自己的一套,他只是想从你做事的过程中获取某种启发而已。

这种人,一般在社交场合中很会表现自己,却时常遭到别人的厌恶,他们对事业一往无前的大无畏精神倒是被很多人欣赏。

调查显示,摇头的动作通常表达"不"的意思。当有的人对你的意见表示不赞同时,你不妨观察一下他在说话的同时有没有做出摇头的动作。如果一个人一边摇着头一边说"我非常赞同你的观点",或者是"我对你的想法完全赞同"等,那么不管他说得多么真诚,摇头的动作都折射出了他内心的消极态度。所以,你要多留个心眼,不要信以为真。

专家认为,虽然外在的环境复杂多变,但是人们的肢体语言是有规律可循的,尤其是表现在头部的动作,即使再狡猾的犯罪分子,也能够从他的头部动作中发现一些蛛丝马迹。虽然头部动作所反映出来的信息不能作为办案的唯一标准,但是却可以为办案带来意想不到的帮助。

歪头

专家认为把头歪向一旁这个动作是一种顺从的表示。因为这个动作不仅暴露出人们的喉咙和脖子,还会让人显得更加弱小和缺乏攻击性。

研究报告显示:女性和男性由于社会分工不同,使大多的女性比较愿意采用歪头这一动作。而那些能力强、趾高气扬的男性则很少会做这个动作。因为在他们看来,歪着头就意味着屈从。所以,在商务谈判中,当女性跟男性交手时,要在气势上压住男性,首先就要始终保持头部直立,绝不歪向任何一边。

刚满3个月的小狗听到或看到吸引它注意力的新事物(如新的狗屋、第一次见面的其他动物等)时,头也会歪向一边。

人类像动物一样,当他对某种东西感兴趣时,便把头倒向一边。如果你向顾客介绍商品,或者发表演说,你应当经常看看在听众中间有没有采取这样姿势的人。如果你看到他们把头倒向一边,并采取手脸评价性姿势,那就表明你的讲话打动了人。如果妇女采取这个姿势,那便表明她对某个美貌的男子感兴趣。当别人跟你讲话时,你只要采取倒头的姿势和点头的姿势,就足以使对方对你感到亲切温暖。

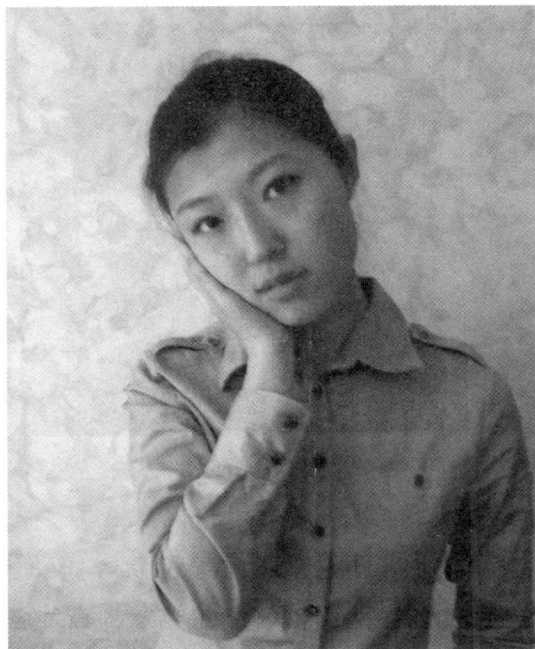

图 22　头歪向一边

手放在头后面

双手放在脑袋后面的姿势通常被会计师、律师、推销经理、银行经理或者自信心很强和具有优越感的人所采用。如果我们能够看透人的内心世界的话，他大概是在说，"所有的答案我都有了""有朝一日，你会像我一样聪明"或者"一切都在控制之中"。那些"无所不知"的人也采用这个姿势。如果对方向他们采取这个姿势的话，许多人会感到恼火。律师习惯于对他们的同僚采取这个姿势，用非语言的方式表示他们如何消息

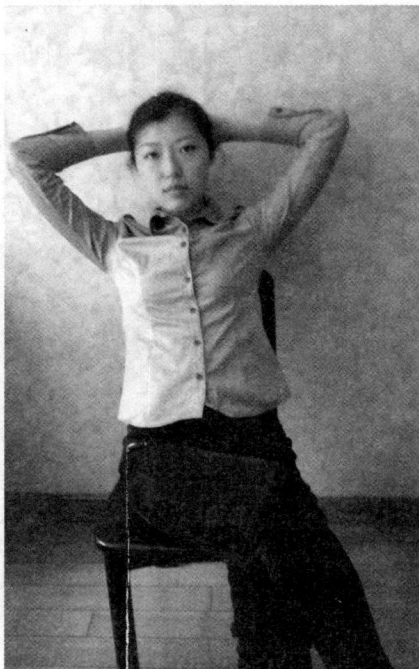

图 23　手放在头后面

灵通。这个姿势也被用来作为"地盘"的信号，表示那个地盘属于他所有。据具体的环境，有几种方法来处理这个姿势。如果清楚为什么此人具有优越感的话，你可以问道："看来你对此有所了解。你可以谈谈吗？"然后，你靠在椅背上，等待回答。另一个办法是使此人改变姿势，从而使他的态度也跟着发生变化。要做到这一点，你可以把某种东西放在他够不着的地方后问："你看到过这个吗？"用这个办法迫使他身体倾斜。模仿他的姿势，也是一个很好的对策。如果你想同意对方的观点，你只要

模仿他的姿势就可以了。

如果双手置于脑后的人对你进行斥责,你可以采取同样的姿势来对他进行非语言的威胁。例如,两个律师彼此见面采用这个姿势来表示彼此平等和意见一致。但是,恶作剧的小学生如果在校长的办公室采用这个姿势,则会激怒校长的。

对这个姿势的研究表明,在某个保险公司中,30个经理中有27人经常在销售人员或他们的下属面前采用这种姿势,但在他们的上级面前很少采取这样的姿势。在上级面前,这些经理采取的是顺从和防御性的姿势。

低头

专家们认为,当你与人交谈的过程中,如果发现对方不注视你,而是把头低下来,说明你表述的某些观点可能没有得到对方的认可,这个时候要及时调整与对方谈话的方向或者内容。专家总结出:压低下巴低下头这个动作,传达出了否定、不满或者具有攻击性的信号。

第6种肢体语言:下巴

下巴的动作有3种:紧收与垂落、灵活与僵硬、抖动。自然的轻松的情况下,下巴是自然地垂落的。遇到紧急情况,或想到什么紧急或重要的事情的时候,下巴会自然地紧收。这种动作常常是下意识的,但是,可以受意识支配。与以上情况相应,轻松的时候下巴灵活自如,紧张的时候下巴僵硬。在惊讶时,下巴一定垂落,但比较僵硬;情绪强烈时,下巴也会痉挛地抖动。下巴是与嘴密切相关的,嘴巴张开时,下巴当然垂落。但是,嘴巴的开闭跟下巴的紧张与否不都是对应的,有些天真无邪的少女常常小口半开,下巴自然垂落,显得闲适而且纯真。这种情况下,嘴巴成为别人的注意点,可以成功地掩饰下巴的活动。小伙子则喜欢吹口哨,用以掩饰下巴的动作。不停地咀嚼口香糖也是掩饰下巴动作的好办法。

图 24　扬起下颌

　　我们仔细观察后会发现,突出的下颌表明此人具有很强的攻击性。如处于极度疲乏或困乏的状态,此人的下颌自然就会耷拉下来,肯定不会再采取攻击性的行为了。

　　用下颌来指使他人者,即所谓"颐指气使",属于骄横、傲慢,这种人具有强烈自我主张的表现。西方人认为把下颌向前伸出,大多表示隐藏在内心的愤怒;东方人往往相反,愤怒之时把下颌往里缩的居多。

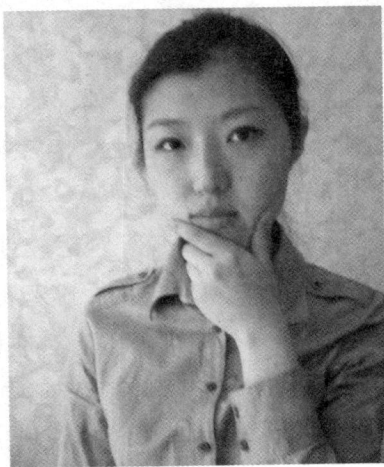

图 25　抚弄下颌

抚弄下颌往往是为了掩饰不安或缓和话不投机的尴尬场面。然而与面部积极的表情相配合,也常常表示自信和胸有成竹。用力缩紧下巴是表示畏惧和驯服之意。

女性用手支下颌则反映内心需要有人给以安慰。

人们的下颌形态有相当大的差别。由于下颌形态不同可影响声音的性质。从下颌不同动作也能看出某些人的心理状态,得到其他信息。

当有些人受到攻击的时候,就一言不发地抬起他的下颌以表回击。如果你有一副宽大的下巴,而你又不小心把它藏在衣领下面,可能你就是一个让人难以接受的人。

下次你有机会向一群人阐述你的观点时,你仔细观察他们,就会发现有趣的现象。听众中间的大多数人会把手放在脸上,开始采取评价的姿势。当你的讲话结束,要求听众发表意见时,那种评价的姿势便停止了。他们将把一只手移到下巴,开始采取托下巴的姿势。

托下巴的姿势是一个信号,表明听者正在作出决定。当你要求听众作出决定时,他们便把评价的姿势改变为作出决定的姿势;接着的动作将表明他们的决定是否定的还是肯定的。当推销员做工作以后,顾客开始托着下巴,考虑是否购买时,他若打断顾客的思考或者仍然喋喋不休地讲话,那是很愚蠢的。这时,他最好的策略应当是:仔细观察买主随后的姿势,这些姿势将表明他作出的决定。例如,如果继托下巴之后,买主采取了交叉双臂和双腿的姿势,靠在椅子背上,那就是用非语言的方式告诉销售员"不"。销售员最好复述一下他推销的主要论点,以免买主用语言表示他的否定态度,失去这笔买卖。

如果继托下巴的姿势之后采取的是表示愿意的姿势,那么,销售员只需问问买主,喜欢采取什么样的支付方式,以便买主着手购买。

古语说"扬起下巴来"(引申为"别灰心"),常被用来鼓励那些精神萎靡或遭遇不幸的人。这种民间智慧准确无误地反映了大脑对灾难的边缘反应。下巴向下的人看起来不太自信,情绪也比较消极,而下巴上扬的人一般都处于某种积极情绪中。

图 26   交叉双臂和双腿

这套判断理论同样适用于鼻子。抬起的鼻子也是一种背离重力的姿势，同时也是一种高度自信的非语言行为。当人们处于压力或沮丧状态时，他们的下巴（还有鼻子，因为两个部位的行动总是一致的）就不会抬得很高。

在欧洲，那种将鼻子高高抬起轻视某人的动作更是屡见不鲜。在一次旅途中，我正在收看法国的电视节目，当一位政客被问及一个他认为有失身份的问题时，他所做的只是抬高了鼻子，然后俯视着那个记者说："我想我不会回答这个问题。"这种情况下，他的鼻子反映了他的态度。

第 7 种肢体语言:臂

1.手臂交叉

躲在壁垒的后面，这是我们小时候就学会的保护自己的办法。我们小时候,每当受到威胁,便躲在桌子、椅子、家具和妈妈裙子的后面。随着年龄的增长,躲藏的办法也越来越高明。当我们五六岁的时候,躲藏在固体东西后面的做法不再恰当,我们学会了在受到威胁的情况下把双臂紧紧地交叉在胸前。我们长到十来岁的时候,我们学会了使交叉双臂的姿势不那么明显,辅之以双腿交叉的姿势。

当我们年龄更大的时候,我们双臂交叉的姿势越发不那么明显,别人几乎觉察不出来。把一只或两只手臂放在胸前,就形成了一个障壁,用以阻挡即将到来的威胁或者不愉快的情况。有一点是肯定的:当一个人感到不安,采取防御姿态时,他便把双臂牢牢地交叉在胸前。这是一个有力的信号,表明他感觉受到了威胁。

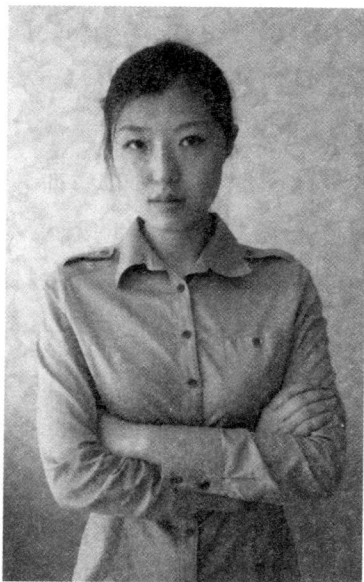

图 27　双臂交叉

美国对双臂交叉姿势的研究表明了一些有趣的结果。研究单位组织一批学生听一系列讲课,要求他们在听讲时,双臂双腿不得交叉,采取一种随便的放松姿势。讲课结束时,对他们听讲的成绩和对教师的态度进行了测试和记录。第二批学生也经历了同样的过程,但是,要求他们在听讲时,双臂紧紧交叉在胸前。结果显示,双臂交叉的那一组学生的学习成绩比双臂不交叉的那一组学生差38％,第二组学生对教师和讲课内容有更大的分析批判能力。

这些测试显示,当听者交叉双臂时,他们不仅对讲演者有着比较消极的看法,而且对讲话内容的注意力也较差。由于这个原因,培训中心应当配备带扶手的椅子,以便使学员采取放松的姿势,不交叉双臂。

许多人认为,他们之所以习惯于交叉双臂,是因为这样比较舒服。实际上,当你采取相应的态度时,任何姿势都是舒服的。如果采取消极的、防御的或者不安的态度,那么,交叉双臂的姿势也会使你感到舒服。

请记住,在非语言的沟通中,如何理解信息的含义,那是接收者的事,而不是发送者的事。你双臂交叉、后背和颈项挺得直直的,你可能感觉很舒服,但是,研究表明,别人看到这样的姿势,则觉得不舒服。

(1)标准的双臂交叉姿势

双臂交叉在胸前,是试图躲避不利的局面。标准的双臂交叉姿势是普遍采用的一种,它意味着防御或否定的态度。当一个人在公众集会、排队的行列、咖啡店、电梯里等不安全的地方,处在陌生人中间时,往往采取这样的姿势。

最近,有一次讲演旅行。在一次集会上,演讲者故意说了一些受人尊敬的人士的坏话,他要求听众不要动,保持他们原来的姿势。结果发现,在他进行攻击以后,大约90％的人立即采取了双臂交叉的姿势。他们也感到好笑。这清楚地说明,当人们听到他们不赞成的话时,大多数人采取双臂交叉的姿势。许多讲演家未能打动听众,因为他们没有注意到听众采取双臂交叉的姿势。有经验的讲演人知道,如果出现这样的姿势,那就必须想方设法打动听众,使他们采取注意听讲的姿态。

如果在面对面的交谈中,你看到对方双臂交叉,那就表明你说了一些对方不同意的话。这样,即使对方口头上表示赞同你的观点,你也没有必要继续讲下去了。事实是,语言的媒介可能撒谎,而非语言的媒介是不会撒谎的。这个时候,你应当设法搞清楚人家双臂交叉的原因,想办法使对方变得友好些。请记住,只要双臂交叉的姿势不改变,那么,对方的否定态度便将继续保持。否定的态度引起了双臂的交叉,只要这个姿势保持,否定的态度就不会改变。

有一个简单有效的办法可以打破人们交叉双臂的姿势。那就是:递给对方一支笔、一本书或者别的什么东西,迫使他伸出手臂来拿。这使他转而采取比较开放的姿势和态度。要求对方身体前倾,看看录像,也可以使对方放开交叉的双臂。还有一个行之有效的方法,那就是你自己身体前倾,伸出张开的双手说"我看你有什么问题,可以谈谈吗",或者"你有什么看法",然后,你身体靠在椅背上,现在该那个人说话了。你张开手掌,用非语言的方式告诉对方,你希望得到一个开诚布公的答复。作为一个推销员,只有弄清楚买主为什么突然交叉双臂的原因,才会继续介绍他的产品。我常常发现,大多数推销员发现不了买主反对的内在原因,因为他们未能看到买主的非语言信号,而这种非语言信号表明,买主对推销员所作的产品介绍的某些方面已经表示了否定的态度。

(2)强化的双臂交叉

如果在交叉双臂的同时,还攥紧拳头,那就表示了一种作对的防御态度。这组姿势群往往同咬牙切齿、满脸涨红结合在一起,这意味着,可能很快出现破口大骂、拳脚交加的局面。如果产生这种局面的原因不明,那就必须张开手掌,采取缓和的姿势以便查明敌对的原因。

(3)抓胳膊的姿势

你会注意到,这个双臂交叉的姿势是两手紧紧抓住上臂,以加强这个姿势,防止双臂伸开,把身体暴露在外。双臂往往被抓得很紧,以致手指和关节由于血液不流通而变得煞白。在医生和牙医的候诊室等待看病的人或者第一次乘坐飞机的旅游者等待飞机起飞的时候,就是这个样子。

图 28　抓胳膊

　　社会地位对双臂交叉的姿势可能产生影响。一位上级在他刚刚见面的人们中间并不交叉双臂，从而让人们感到他高高在上的地位。例如，在公司的社交场合，总经理被介绍给几个新来的雇员。他用上级的架势跟他们握手以后，便跟新雇员保持一定的距离，双手互相握着，背在身后，或者一只手放在口袋里。他很少双臂交叉表现出不安的样子。另一方面，新雇员跟老板握手以后，则采取双臂交叉或部分交叉的姿势，因为他们在公司老板的面前感到有些拘束。不管是总经理，还是新雇员，都按照自己的地位，采取了应有的姿势，因而都感到没有拘束。但是，如果这位总经理会见的是一位崭露头角的年轻主管，后者也是充满优越感的人，而且还可能觉得自己跟总经理一样重要，在这种情况下，会发生什么事呢？可能出现这样的情况：这两人互相高傲地握手以后，年轻的主管将双臂交叉，拇指垂直向上。这个姿势表现了此人的"冷静"。拇指向上的姿势显示了自信心，而双臂交叉则给人一种保护感。

　　推销人员应当分析为什么买主会采取这样的姿势，从中了解他的推销技术是否有效。如果买主是在推销快要结束的时候采取拇指向上的姿势,同时还做出了其他许多积极的姿态,那么,推销员便可以满意地结束这个推销活动,要求订货了。如果推销活动结束的时候,买主攥着拳头交叉双臂,脸上没有任何表情,那么,推销员趁早免开尊口,不要自讨没趣。他最好赶快转换话题,问一些问题,设法弄清楚买主为什么不买。如果买主用语言明确地表示"不",那就很难改变他的决定了。解读身体语言的能力使你可以在别人用语言表达自己的看法以前就摸清他的态度,赶快采取另外的方式来加以补救。

携带武器的人很少采用防御性的双臂交叉姿势,因为他们的武器提供了有力的保证来保护他们的身体。例如带枪的警察极少交叉双臂。他们通常是攥着拳头,不让他人靠近他们站岗的地方。

(4)部分的双臂交叉

完全的双臂交叉姿势有时显得太引人注目,因为你用这个姿势告诉人们,你有些担心害怕。我们偶尔用一种比较隐蔽的办法取而代之,那就是,部分地交叉手臂,把一只胳膊从身体前面伸过去,握另一只胳膊。

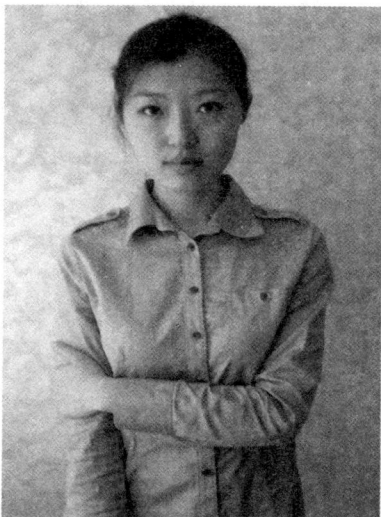

图 29　单手握胳膊

部分的握胳膊姿势在下面这种情况下常见：一个陌生人出现在一群人中，或者这个人缺乏自信。还有一种部分的手臂姿势，那就是自己握自己的手。一个人站在一群人面前接受奖品或者发表演说时，常采取这样的姿势。这个姿势使人可以重温儿时的安全感：我们小时候，碰到害怕的情况时，父母总是攥住我们的手。

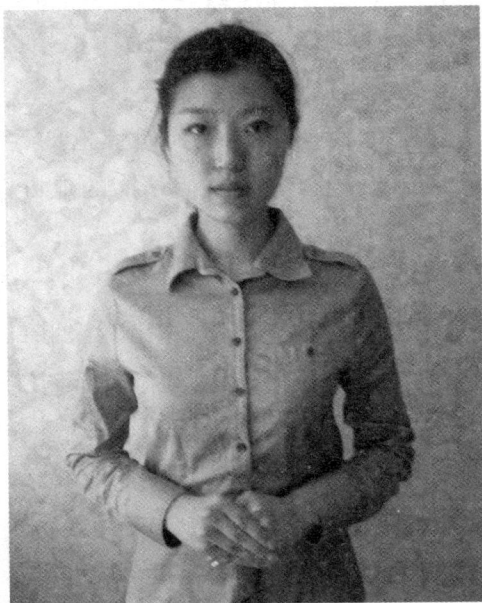

图 30　握自己的手

（5）伪装的双臂交叉

伪装的双臂交叉姿势是非常高明的姿势，它经常被在大庭广众中活动的人所采用。这些人包括：政客、推销人员、上电视的人物等，他们不愿意让听众或观众发现他们拘束不安。像所有交叉双臂的姿势一样，这种姿势也是：一只胳膊从身体前面伸过去抓住另一只胳膊，但不是交叉双臂，而是用一只手触摸手提包、手镯、手表、袖口或者另一只胳膊上面的其他东西。一旦建立这样的壁垒，就会产生一种安全感。当流行袖口的时候，男士们在众目睽睽之下走过大厅或舞厅时，往往不断调整袖口；

当袖口不再流行的时候,男士们则改为调整表带、看看钱包里的东西、搓搓双手、玩玩儿袖子上的纽扣或者做一些能够让胳膊从身体前面伸过去的其他姿势。不过,对有经验的观察家来说,这些姿势可以说是欲盖弥彰,因为它们并没有什么真实的目的,只不过想掩盖自己的紧张不安而已。

女性在采取伪装的手臂姿势时,不像男性那么明显,因为当她们感到拘束不安时,她们可以抓抓手提包或钱袋。一个最常见的这类姿势是双手拿一杯啤酒或葡萄酒。你是否想到过只用一只手拿酒杯?用两只手可以使拘束不安的人形成一个使别人觉察不出来的手臂壁垒。我们在许多场合见过人们采取伪装的手臂壁垒姿势,几乎每个人都这么做。许多社会名流也在紧张的场合采用伪装的壁垒姿势,并且是完全不自觉地这么做的。

2.叉手手势

叉手是一种与背手手势有某种相似的体势,背手是将双手置于背后再相握,叉手则是双手交叉相扣,置于人的身体前部的腹部或小腹部。这种手势与十指交叉的手势也不相同:前者是以一只手攥住另一只手的手背或腕部;后者则是十个指头交叉在一起,是指头第三节(拇指的第二节)扣合在一起的手势。

图 31　双手交叉

图 32 　十指交叉

　　总的来说,这一手势表示的意义是拘谨。正如我们所了解的,手的动作显示人的思想和情绪状态。人如果通过叉手,在一定程度上将腹部和胸部隐蔽起来,表现出防御性的姿态,说明他有某种不自信的心理,与背手的动作一样,这也是他控制自己紧张、局促情绪的方式。在主席台上等待领奖的先进分子或等待裁判打分的运动员,也都会做出这样的手势。

　　有的人体语言学家认为,当儿童感到害怕、害羞或不安全的时候,他就会用一只手拉住或握住母亲的一只手,这样从心理上找到安全感和庇护感。到了成年以后,他仍要寻找一种安全的保障,因此就会用一只手握住自己另一只手。由于这种手势表现了一种拘谨和封闭的特征,所以,在受到批评时做出这一动作的人,经常被认为是不想接受批评意见的表示。

　　所以,在听取上级意见时,应尽量避免这样的手势。

　　3.袖手手势

　　中国有个成语叫做"袖手旁观",意思是将左右双手分别交叉拢在右袖和左袖中,畏缩在一旁冷眼观看,有一种"事不关己,高高挂起"的意味或者是看热闹的心理。这种动作常常使人想到袖起双手,缩着脑袋,依偎在墙根下晒太阳的形象。因此,这种袖手的动作是不文雅的,有文化和教养的人是不会使用这样的手势的。

这一袖手的动作通常还是封闭的、防御的和消极的身体信号。

4.显露腕部

腕部是连接人的手掌与胳膊下端的部位,现代人多在此佩戴手表,而且手表以戴在左手腕为常见,这符合大多数人的习惯。他们用右手做事,左手起辅助作用,左手戴手表不妨碍做事。极少数人喜欢戴在右手上,他们或是一时来了兴致,想尝试一下这样的戴法,或是为求标新而故意戴到右手上。总之,手表以戴在左手上为常,以戴在右手上为异。作为男性来说,手表的表面以朝向外侧即手背方向为常,这也表现了男性的开放、外向和不拘谨的特点。女性可以将表面朝向内侧,即手心的一侧,这给人一种文雅、矜持和稳重的感觉。一般情况下,女性也可将表面向外来戴,而男性绝少将表面向内来戴。否则,这样的男性会被认为是有某种女性化的倾向。

女性还可以显露腕部来示爱。根据研究,显露腕部柔软细腻的皮肤,是大多数女性用以讨人喜欢的一种方法。很久以来,西方人就有一种观点,认为腕部是人体最容易引起异性喜欢的部位之一。在面对面的交谈时,女人们喜欢让自己所爱慕的异性看到她们的手掌和腕部。会吸烟的女性在吸烟时也经常故意显露出她们的腕部,但那更多的是为了显示一种优雅的姿势。

5.握臂姿势

这是将一只手臂伸直下垂,以另一只手握住其肘部的手势动作。紧握的手显示了内心力量的坚决,也加强了该姿势的牢固性。某些等候做牙科手术的病人、初次乘飞机的旅行者、法庭上的被告等面临紧张或威胁的人,经常使用这种姿势(公诉人则经常表现出紧握双拳、交叉双臂或慷慨激昂的姿态)。有时,使用这一姿势的人会伴有搭叠脚踝或腿部、左顾右盼的体势,甚至会出现面色变白、双腿打战的情况,这些都说明这是一种显示紧张情绪的人体信号。

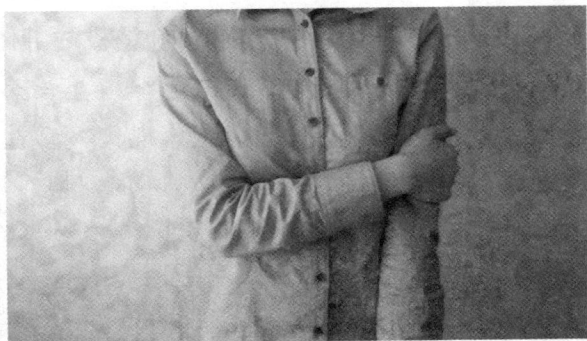

图 33　握臂

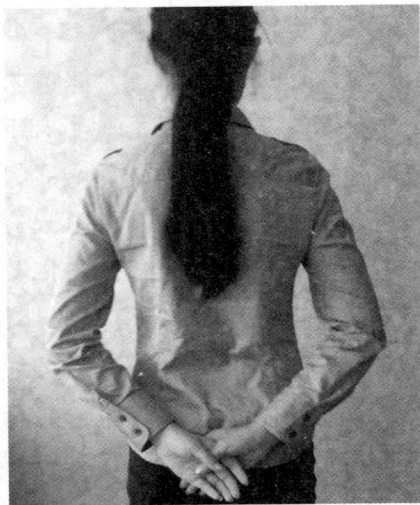

图 34　背手

6.背手姿势

背手是将双手置于身后,用一只手握住另一只手的动作。这种背手的动作是人类特有的,尤其是那些自信的、有权威的人,更喜欢使用这种手势。这是一种表示自信或狂妄的强烈人体信号。

如果一个人将其手背到身后,隐藏起来,别人便不易通过他的手来感觉其大脑的活动,因此,会给人以某种神秘感,实际上也就隐藏了人的真正威力。对他人而言,被隐藏的、看不见的威力要比能够看见的威力大得多。另一方面,在生活中,只有那些有着充分自信、"艺高胆大"的人才敢于将自己的胸部袒露给别人。倒背手的手势,就是这样一种袒露胸脯、表现自信和力量的体势。所以,这种手势会对他人产生一种威胁性。以上二者结合在一起,强化了神秘的权力和权威的色彩。

这种将手背在身后的动作,还能够起到一种镇定作用,可以赋予人某种力量,使其产生坦然自若、泰山欲崩而不惧的信心。观察表明,值勤的巡警、在校园中漫步的校长、高级军事将领以及其他权势和地位比较高的人,是该动作的经常使用者,他们借此可以显示其权威或"崇高地位"。

在生活中,我们也会发现,有的人在将双手置于身后时,不是用一只手握住另一只手,而是攥住另一只手的腕部以上的部位。这一手势与以

图 35　双手置身后

上讨论的手握手的体势是不同的。前者实际上是一种内心紧张不安而又想竭力掩饰的表现,显示了此人心神不定的心理状态。而使用后一种手势时,因握住的部位不同,心情紧张的程度也不相同。一般来说,握的部位越接近另一只手臂的肘部,他的紧张程度也就越高。

7.其他有关双臂的动作

将双臂高举并左右摆动,或将双臂伸直高举过头交叉摇动,表示欢乐、胜利或警告,这是双臂可以做出的最高的动作。在情绪比较紧张时,人们也可能双脚跳起,以配合手臂的动作。至于双臂动作具体所表示的是哪一种心情,只有配合面部表情才可分辨,这就需要借助于对面部表情的观察。欢乐时面带微笑,发出警告的表情是焦躁不安。运动员取得冠军称号后,双手在头上紧紧相握,这是模仿拳击比赛中裁判握住优胜者的手高高举起的动作,这一动作是在英语国家司空见惯的,它是表示胜利和欢快的双臂动作。

在演讲时,演讲者将一臂高举过头,是配合演讲内容以吸引听众注意的动作;在赛场上,运动员高举双臂是要求别人将球扔给自己的动作。或者还是投降的表示,但此时面部表情是紧皱眉头,同时头部低垂。

有时还可以以双臂的动作做出指令:举起一只胳膊提醒别人注意,然后将胳膊平伸指向一方,其含义则是"朝那边去"。

手臂高举过头的另一常见动作是转动手臂招呼别人"到这儿来集合"。右臂举起,然后小臂平放,掌心向下,表示"前进"。交通警察就是侧身对着运行车辆,用这一手势让其通过。

双臂抱住头顶是自我保护的动作,也是全世界通用的双臂动作。犯人也常将双手放在脑后,保持举手投降的姿势。还有一种用双手交叉在脑后、抱住后脑勺的动作,这是双手支撑头部以求舒适的动作。在下级同上级或员工同老板谈话时,前者最好不要使用这样的手势,否则,后者就会觉得对方对自己的意见有厌倦情绪,心生恼怒。

第8种肢体语言:手

1.手掌

使用掌势来表达有关特定意义,称为手掌语。手掌语既可以单独使用,表示一定的意义,也可以同其他的人体动作或有声语言等配合使用。

通过观察别人的手势,我们就能充分掌握别人所需要传达的信息。

(1)表示坦诚

当下级被上级询问有关工作进展的情况时,我们往往可以见到被询问的一方在说完后双手摊开,表示自己知道的就是这些,已经毫无保留了。

人的腹部和胸部是比较脆弱、易受攻击的部位,所以伸直和开放的双臂、敞开的手掌多被认为是坦白和诚恳的象征,因为人们直露前胸和腹部看上去毫不设防。在法庭上,辩护人发表辩护演讲时,常常展开双臂,把两只手掌展露给法官,以赢得法官对自己的信任。意大利人较多地使用这一姿势,当他们受到责怪时,便会在胸前摊开双手,做出"你要我怎么办"的样子。在做这种手势时,往往伴随着耸肩的姿势。戏剧中,尤其是在西方的各种戏剧中,很容易见到这一姿势。它不仅可以表现情绪,还可以显示出该角色的开朗个性。通过观察不难发现,小孩对自己所做的事感到骄傲,在向别人展示时,会摊开自己的小手掌;相反,当他闯了祸、做错了事或有什么顾虑时,就会不自觉地将手插入口袋或藏在身后。

由此可见,这种掌势可以被认为是坦白和诚实的象征。需要注意的是,这种掌势通常总是与手臂的动作连在一起使用的。

除了表示坦诚的手势以外,我们还经常见到其他三种手势:一种是掌心向上,我们称之为"乞讨式",是乞讨时经常使用的;另一种是手掌向下,可以称之为"指令式",经常被用来表示控制或命令;还有一种是伸出食指,弯曲其余四指,可以称为"专制式",经常被粗暴的或缺乏自制能力的人使用。第一种可以单手使用,也可以双手同时使用;第二种和第三种一般都是单手使用。由此我们可以通过对它们的使用来判断一个人的性格:是属于屈从谦逊型的、命令型的还是属于粗暴无理型的。

"乞讨式"表明使用者比较谦和,或性格较屈从于外力。使用这种掌势,容易使人联想到那些为了讨一口饭吃而走街串巷、低声下气的乞丐。通常年幼的儿童在跟大人讨要东西的时候,也会使用这一掌势。使用这样的掌势来要求别人帮助或求取东西,较之其他的掌势,需求更容易得到满足。当然,这样的含义并不意味着该掌势只能被地位较低的人使用,实际上,正因为该掌势使人感到没有胁迫的成分,对方可以较主动和乐意接受相关的要求,许多很有地位和教养的人,也经常通过这一手势,让人产生一种亲近感和平易感,使人愿意接近,使用者也通常受到别人的尊敬。

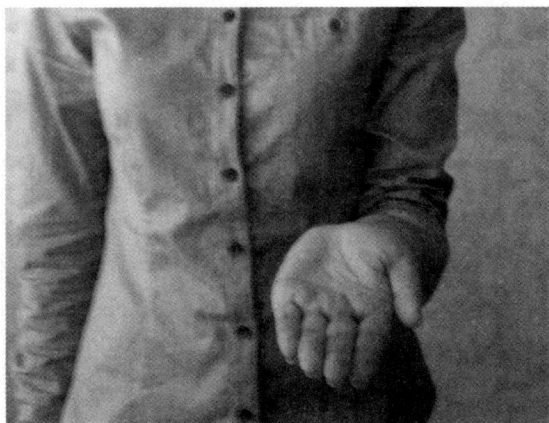

图 36 "乞讨式"

与此相反,如果使用手掌向下的"指令式"手势,就不可能取得这样的效果。手掌向下,从视觉上给人一种下压和下按的感觉,使人产生反感和抵制的情绪。这一掌势带有强制性,使用这一掌势能否达到目的,取决于使用者和对方的身份和地位——如果对方地位较高,他不可能接受这样的要求,甚至会勃然大怒(尽管他未必意识到这种掌势的真正含义)。

同样,使用仅仅伸出食指的"专制式"手势,导致的结果可能就会更加糟糕。这种手势形成的形象,好像一只尖尖的矛头,又像麦芒或针尖,直指过去,使对方产生相当强烈的压制感和胁迫感,没有人愿意被这样指着。在个别情况下,被指的对方可能将身体躲避到一边,脱离手指所指的方向和范围。多数情况下,这种手势经常会引发矛盾,甚至有时会引发暴力争斗。当然,在人数较多的报告会上或者演讲时,我们经常会见到报告人和演讲人有时使用这种手势。不过,这要作另一种分析:因为交流的双方不处于同一个活动空间和层面上,双方的感觉与听说双方面对面时的情形有很大的不同,听众不会由于这种手势而感到受侮辱,这种手势多是为了强调内容的需要。

(2)表示跃跃欲试

我们都有这样的经验:在小学生的跳高课上,老师问谁能够跳过某一高度时,有这一能力的学生总是按捺不住,希望被老师点到甚至径直站出来。这时,他往往会不由自主地搓着双手,由于情绪比较激动,血液流动加快,可能致使面色变得红润。这种手势,我们称之为搓掌势。搓掌势不仅为少年儿童使用,成年人也经常使用。例如,在会议讨论时,有的人已经准备得差不多了,但别人一直在发言,自己没有发言的机会,这人就会出现不停地搓手掌的动作,事实上,他那是在向别人表示:我已经思考有些时间了,是该让我说说的时候了。在搓手的时候,有人还会按压手指骨节,发出"嘎巴嘎巴"的声响,这是一种更加急不可耐的表示。另外,当人们遇到困窘时、心情急躁时、不知所措时或兴奋激动时,也会使用这种手势。汉语成语中的"摩拳擦掌",就形象地表现了这种情形。

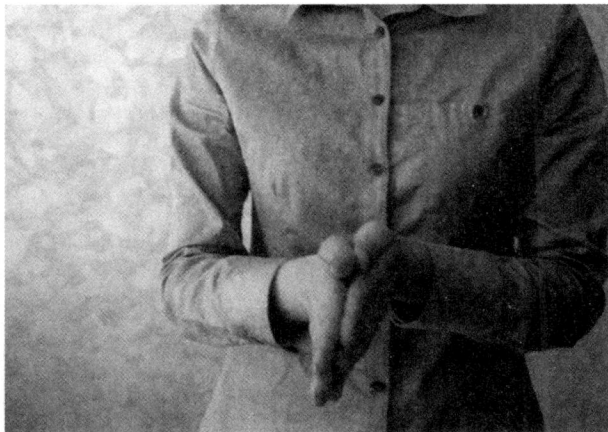

图 37　搓手掌

搓掌表达的意思较为复杂,我们要对搓掌的手势区别分析。假如一个人遇到事情时,搓掌的速度很慢,并且眉头紧锁,一副不知所措的样子,那么,此人多半是有不易解决的难题,此时的搓掌表示他正在犹豫不决中。如果此人搓掌的动作速度较快,脸上同时带有一种急于表达的神态,这个时候则代表他非常期待、跃跃欲试。作为教师,对有这样表现的学生要多加注意,充分引导和发挥其长处,适时让学生展露自己的能力,调动学生的积极性和求知欲。对于企业以及其他单位的负责人来说,也要注意下属的这种动作。在许多场合下,有这种表现者,或者属于那种比较活跃和积极的人,有较强的表现欲望;或者属于老成持重之人,但已经有了较好的意见要提出来。不论哪种情况,都需要加以注意,尽量为其提供表达的机会,同时,加以鼓励和引导,这样就能较好地调动员工的工作积极性,保持他们对工作的热忱。需要十分注意的是:在这种情况下,尤其是在人较多的情况下,不要故意冷淡甚至嘲讽这样的人,不然,可能导致结局非常尴尬,最终挫伤员工的工作热情。

最后,我们还要注意区别上述的搓掌动作与在冷天有意识地搓掌动作的不同。在后一种情况下,人也可能很快地搓手掌,但他的红红的面庞、嗖嗖吸气的声音、厚厚的棉衣以及寒冷的气候等,都会为我们提示有助于界定动作的真实含义的情景条件。

(3)鼓掌与握拳

鼓掌是两手掌相击发出声响,在中国古代叫作"拊掌"或"抚掌",一般用来表示欢迎或喝彩、赞赏,也可以用来调节节奏或伴奏。

就前一种情况来说,是中外各民族都使用的一种手势。在现代社会中,用鼓掌表示欢迎的例子很多,在各种迎接仪式上常常使用,在领导或重要人物出场时会伴以掌声。鼓励的掌声,如演员表演结束谢幕时观众的掌声,体育赛场上为竞技的运动员加油的掌声等,都是鼓励的掌势语言。

鼓掌本来是为了表示鼓励或感谢,它需要真实的情感,也需要掌握一定的时间和时机。例如,对演员的表演加以鼓励时,别人的掌声如果都已经停止了,自己的掌声最好也及时停下来,以免造成不必要的尴尬。在台球比赛的时候,简短适宜的掌声同样是绅士的标志。

再来看看握拳。正常情况下,成年人握拳是将大拇指放在食指和中指的保护之外,将大拇指的第一节置于食指的第二节上。研究发现,婴幼儿握拳的特点是拇指以外的四指合拢,然后将大拇指蜷起,插入食指和中指与手心所形成的包围圈中。所以,这种握拳方式通常带有软弱、缺乏保护、不能自理等特征,被称为婴幼儿式握拳。当人们在受到突然的惊吓后,也有的成年人握拳时,不自主地形成婴幼儿式的这种拳式状况。一般情况下,这样的人性格较为软弱、怯懦,比较缺乏安全感,渴望得到外界的帮助与保护。

我们不仅从握拳的姿势能够看出一个人的性格特征,通常握拳的姿势常常在双方都没有意识到的情况下还传递了很多信息。例如,一个人如果用握拳头来加强语气,就会使对方感受到压力。

人们在紧握双拳时,往往会下意识地将双手插入口袋,或藏在身后,或在双臂交叉时藏在腋下,尽管有时他们并不在乎握紧的拳头是否会被别人发觉。握拳基本上是一种暴力的姿态,因此,妇女在说话时,很少会采取这种姿势。

握拳的姿势还经常代表决心。人们常以握拳来强调自己的立场,加重语气,有时会转化为敲击桌子或挥舞拳头,这是我们经常可以看到的。在现代政治活动中,人们已广泛采取这种手势来表示决心。

握拳还可以表示愤怒,有时甚至是一种敌意。当一个人紧握拳头时,会在周围引起连锁反应,使对手也紧握拳头。如果这是一场激烈的争吵,其结果就可能导致真正以拳相向的斗殴。已经有学者指出,握拳是表示特别强调、严重警告、坚定不移或鼓舞斗志。原始民族则以握拳来表示挑战,美洲印第安人在战舞中就有很多的握拳姿势。

(4)搓手掌

最近,我的一个好朋友来我家拜访我,详细谈到即将到来的旅行。

在谈话的过程中,我的这位朋友突然靠在椅背上,大笑起来。她搓着双手,大声喊道:"我等不及了!"她用非语言的方式告诉我们,她期望这次旅行能够获得很大成功。

人们用搓手这种非语言的动作表达一种美好的期望。主持仪式的人搓手掌，并对听众说，"我们早就期待着下一个发言人"。兴高采烈的推销员跑进销售经理的办公室，搓着手掌说："老板，我们得到了一笔很大的订货。"服务员在夜晚结束时走到你的桌子旁，搓着手问道："先生，还需要点什么?"他则是用非语言的方式告诉你:他期待着小费。

当一个人急速地搓动手掌时，他用这个动作告诉对方，他将得到他所期待的结果。例如，假定你打算购买一栋房子，去找房地产经纪人。经纪人向你描述了你期待的房产以后，急速地搓着手掌说："我恰好有一处房产符合你的条件。"经纪人的意思是，他希望这个结果对你有利。但是，如果他慢慢地搓着手，对你说，他有一处理想的房产，你会有怎样的想法呢? 你会认为，他狡猾可疑，结果可能对他有利，而不是对你有利。推销人员被教导说，如果向可能的买主描述产品或服务，一定要使用急速的搓手掌姿势，以免顾客产生怀疑。当顾客搓着手掌，对推销员说："让我看看你们能够提供些什么!"这意味着，顾客希望看到好的东西，可能要购买。

有一点，我们要提醒读者:在寒冷的冬季，有一个人站在公共汽车站，他急速地搓着手掌，那是因为他等车，手冷。

(5)双手攥在一起

乍看起来，这个姿势似乎是表示信心的，因为人们采取这个姿势时，往往是满面笑容、心情愉快的。然而，有一次，我们看到一个推销员描述他是怎样失去一笔生意的。我们注意到，他谈着谈着，双手不仅攥在一起，而且手指开始变白，仿佛被焊接在一起。这个姿势实际上显示了一种失望或敌对的态度。

尼伦伯格和卡列罗对攥手姿势进行研究后，得出这样的结论:这是一种失望的姿势，反映此人克制着一种消极的态度。这个手势主要采取三种姿势:在自己的面前攥手;把攥起的手放在桌子上;如果是坐着，把手放在膝盖上,如果是站着,把手放在大腿前。

手举的高度和此人心情不好的程度之间似乎也有一定的关系。像所有的负面姿势一样,必须设法使此人的手指松开,露出手掌,否则,敌对态度将始终保持下去。

(6)握手、握腕和握臂

英国皇室的一些显要男性成员走路时,习惯于昂首挺胸,双手放在背后,一只手握住另一只手。不仅英国皇室的成员如此,许多国家的皇室也是如此。在地方上,警察巡逻时、学校的校长走过校园时、高级军事人员和有地位的人走路时,也都是如此。

这是一种充满优越感和自信心的姿势。但在下意识地显示大无畏气概的同时,它也把此人的肚子、心脏、喉咙暴露给他人。我们的经验是,当你受到压力,例如,接受记者采访或者在牙医诊室外面等待拔牙时,采取这样的姿势,可以使你感到放松、自信,甚至具有权威性。我们通过对澳大利亚警官的观察可以发现,不携带武器的警官往往采取这样的姿势,踮着脚踱来踱去。不过,携带武器的警官很少采取这个姿势,而是采取两手插在大胯的姿势。武器本身似乎就有足够的权威,不需要再有双手倒背的姿势。

不应把手握手的姿势同手握腕的姿势混淆起来,后者是失望的信号,力图自我控制。一只手紧紧地握住另一只手的手腕或手臂,仿佛不让它挣脱出去。

有趣的是,哪个人在后背往上握得越高,他的愤怒情绪就越厉害。这个姿势常常被这样的推销人员所采用:他去访问一个可能的买主,被买主让在客厅里等待。这个可怜的推销员用这个姿势掩饰他的不安。聪明的买主可能意识到这一点。如果自我控制的姿势改变为手握手的姿势,就会产生一种平静自信的情绪。

2.手指

人的十指能够表达很丰富的信息。手指姿势既可以只使用一个手指,也可以使用两个或两个以上的手指,甚至十个手指一起使用。需要说明的是,人们在使用手指姿势时,离不开手掌的配合。现实中,我们每个人都是手指姿势实用的高手,只是我们从未留意过罢了。

(1)单手指的使用

因为在所有的手指中,大拇指的地位最重要,在手指所能够完成的任务中,大拇指的作用最大,所以跷起大拇指的手势总是被我们用来表示"很好""棒极了"等积极的意义,是对对方的赞美或鼓励,也可以用它表示"第一""最大或最好的""最出色和最拔尖的"等意义。

图 38　竖起大拇指

但有一种跷大拇指的手势表示的是嘲弄、贬损或轻视、看不起的意思。这种拇指姿势是用跷起的拇指指尖指向特定的对象,例如有人面对一个刚刚从身边走过的平素为自己很看不起的人,然后左右晃动拇指,这就明白无误地表达了他内心的态度:"瞧他那副德性!"再比如,当几个要好的同事或同学、朋友在一起聊天,其中一个谈到某天在餐厅被店主"黑"了一次,其他人就会问:"你说的是不是××那个店?"一面用大拇指指向该店所在的方位,这也表示对那个餐厅的极度贬斥。可以设想,假如某个人在提到自己的上级时使用了这样的一个手势,那可能是他与领导关系紧张的信号。请注意,千万不要在不适宜的场合中使用这一手势。

在美国和欧洲一些地区,如果你在公路旁边竖起大拇指,并摇动这手势,则通常用来表示搭便车。

与大拇指所表示的意义相反,单独使用小指,表达的意思则是"小人物""微不足道的人或事物"等。这是由于在人们的意识中,小指在手指中个头最小,因此也被认为是作用最小的一个。中国人在自谦时,经常伸出自己的小指,表示自己"微不足道""还差得远"等意思。也有人用这一手势表示兄弟或姊妹排行中的老小。

伸出食指频频内屈,表示的意思是召唤。在美国,要引起别人注意,如召唤一名侍者,最普通的手势是:举起手,并竖起食指,到头部或再高一些的位置。

伸出食指,放在紧闭的嘴边,或在嘴边来回摇晃,则常常表示让别人闭嘴。还有那种"专制式"手势通常也是用食指来表达的。

至于那"臭名昭著"的中指,大家也知道它代表的是"侮辱"吧。

(2)手指的配合

由于一个手指表示的意思比较单一,在更多情况下,人们要使用两个或两个以上的手指来表达意义。

①"O"形手势

也就是人们常说的圆圈手势,指的是用食指和大拇指两指尖连在一起,其余三个手指微曲而成的手指姿势。这一手势于19世纪初期风靡美国。其意义相当于英语的"OK",即"好了""一切妥当"等意思。

②"V"形手势

这种手势是伸出食指和中指,其余三指弯曲,手心向外,形成如英语字母"V"的形状,表示"胜利"的意思。

这一手势来源于英国首相温斯顿·丘吉尔。在第二次世界大战中,英国在对德抵抗中处于较为不利的地位。首相丘吉尔在演说中,使用了这样的手势,代表"victory"(胜利)之义,号召人们保家卫国,坚决同法西斯斗争到底。这一手势受到人们的欢迎和喜爱,很快风靡全国。现在,这一手势已经风靡全世界。在赛场上,在人们互相祝贺的各种场合,都不难发现这一手势频频亮相。

需要注意的是:如果将手心向内做出这样的手势,在英国和澳大利亚、新西兰等国,就成了一种猥亵侮辱他人的信号。

③“八”字手势

伸直大拇指和食指,做成表示数字“八”的形状,因为这一手势经常表示“八”,所以将其称为“八”字手势。

在中国,这一手势,还用来表示手枪。因为在使用手枪时,就是以拇指抵住枪的后部,以食指扣动扳机,而其他的三个手指握住枪把,使用姿势稍加变形,就成了这种手势的形状。

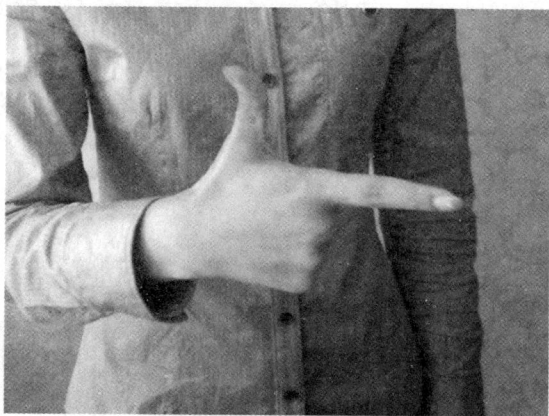

图39 “八”字手势

顺便说说人们使用手势来表示刀的情况。在中国,人们常用并拢的五指表示“刀”,说到刀的时候,常常以这种表示“刀”的手势加以配合,由上向斜下方快速运动,表示“刀”劈。把这一手势放在颈部左右移动,表示自杀或被杀。

④捻大拇指

捻大拇指的手势是这样的:拇指与食指相捏,然后用拇指向上,食指向内,做出两指相捻的动作。

人们注意到,在使用这一手势时,食指是向里、向内移动的。这一下意识的动作方向,暗示了谈钱者希望"向里"收钱的愿望。当人想得到报酬或各种形式的好处时,其食指一定会向"里"移动,这是无意识地对有形的钱或无形的其他好处的"期盼"与"接收"。商人、推销人员、银行职员等经常与钱打交道的人常常使用捻指的手势动作表示"钱"。这是因为在日常生活中,人们使用这一动作来点钱。

相反,由于与人们弹掉什么东西的手势相似,如果使用这一手势时,食指是向外移动的,那么,它所表达的意思就变成了表示"排除"和"解除"的信号。

观察发现,捻大拇指的手势在那些社会地位较低、没有受过良好教育的人那里,使用频率比较高。相反,对于那些社会地位较高、所受教育程度也较高的人来说,就很少使用这种手势来表示"钱",因为这种手势不够文雅,与其身份或地位不相称。

⑤兰花指

兰花指本来是中国戏曲舞台上旦角演员使用的一种指法。其指法是突出食指,中指与无名指紧握向掌心,小拇指弯向掌心。

对绝大多数中国人来说,这一手势就是女性特有的手势,是女性的专利。女性如果自然巧妙地使用这一手势,会给人以娇媚的感觉。相反,假如一名男子也使用这一手势,他必定会遭到别人的反感和耻笑。

⑥十指交叉

十指交叉手势,就是将十指交叉在一起,置于桌上或身体一侧的动作。许多情况下,人们将这种姿势看做是自信,因为使用这一手势的人总是神情自若,面带微笑,言谈中也总显得无忧无虑。但心理学家从大量的研究和试验中得出这其实是一种表示焦虑的人体信号。

比如:当一个人失去他深深爱着的情侣或失去一个"千载难逢"的好机会时,他常常会使用这一手势。

图40 十指交叉

心理学家认为人的许多情感可以通过手掌流露出来,十指交叉实际上是在控制他"沮丧心情"的外露。同时,十指交叉的姿势有时也暗示着一个人的敌对情绪。心理学家指出,手指交叉位置高的人通常比位置低的人更难对付。

⑦塔尖式

塔尖式手势,就是将左手的五指和右手的五指,分别指尖相对或相交,形成近似塔尖的形状。根据"塔尖"的指向,可以把这种手势分为"上耸式"和"下垂式"两种。

上耸式手势是两拇指朝向自身,其余各指相对,指向上方的塔尖式手势。这一手势是大脑产生"拔尖儿"思想时,手做出的下意识动作,它与高傲、盛气凌人以及"我比人强"等思维活动有关。一般说来,大多数自信的男人喜欢使用这一手势。下垂式手势是与之相反的手势,拇指向外,其余各指指向下方。对于大多数女性而言,她们更习惯于使用这种手势。下垂式的塔尖式手势也是思维中"拔尖儿"的一种下意识表现,是在遇到"山外有山,人外有人"的情况,或遇到比自己更"拔尖儿者"时,手势者作出"让步"意思的表示。

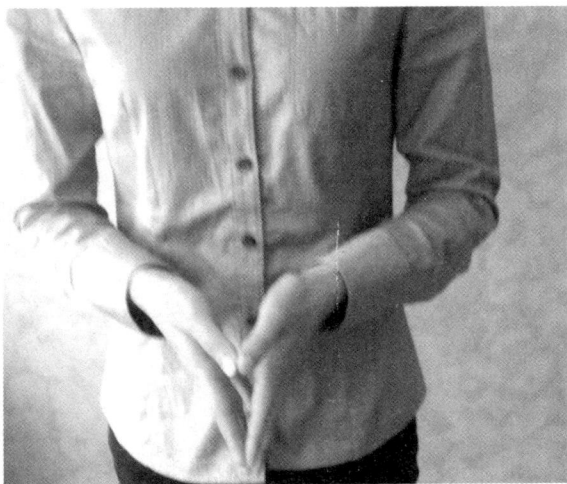

图 41　下垂的塔尖式

心理学家认为使用"塔尖式"手势的人多是那些自信的佼佼者。他们经常使用这种手势以显示自己的高傲与不认输情绪。在职场,这种手势主要用来传达当事者"万事皆知"的心理状态。律师、经理、法官、电视节目主持人、单位领导等较多地使用这种手势。

表示自信的体语中,还有其他一些手势。在面试或谈话过程中,如果一个人双手相握,或者不断地玩弄手指,那么,他给对方的感觉将是缺乏自信,或者是十分紧张。然而,如果此人稳稳地坐在座位上,将双手伸开,并随意地放在大腿上,他就会给人一种镇定自若、轻松自如的感觉。又如,在宴会上,有人将杯子紧握在手中,拇指用力顶住杯子的边缘,给人的印象将是这人有主见、有思想。

⑧捋下巴

捋下巴这个姿势是人们在听演讲者发言时,一般都要使用的评价手势。一般来说,当发言者停止讲话并要求听众发表意见时,听众的评价手势就会随之消失。

西方观察家们对这个手势作过专门研究,结果表明,捋下巴是一种作出某种决定的人体信号。通常这种手势也表示正在思考。

　　⑨捂嘴与摸鼻子

　　捂嘴是儿童和成年人都使用的一种最明显的手势之一。发生捂嘴的情景一般有两种：

图 42　捂嘴

　　a.自己对别人撒谎时,撒谎者的捂嘴动作不仅是一种制止谎言出口的信号,而且也暗示出他的恐惧心理。

　　b.感到别人在说谎时,这种情况下捂嘴仍然是一种自控信号,是为了自己有反应不会随便说出口。

　　心理学家认为当人们撒谎时,大脑会下意识地指挥人体去竭力制止谎言出口,因此,人们就会不由自主地用手捂住嘴,并且用拇指按住面颊。通常情况下,这些动作表明对方在说谎:

第一，用指尖轻轻触摸嘴唇，或者将手握成拳状，将嘴遮住，一些人甚至在捂嘴的同时还会故意咳嗽几下；

第二，用手指触摸鼻子；

第三，习惯用手指在鼻子底下轻轻触摸几下。

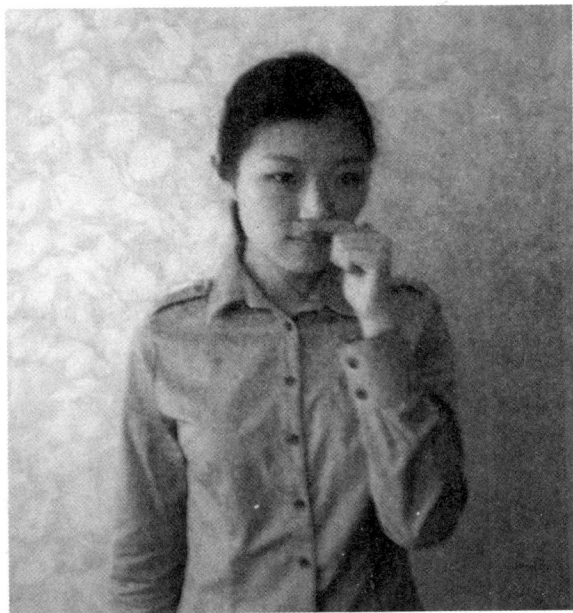

图 43　摸鼻子

如同捂嘴一样，摸鼻子也是一种企图阻止谎言出口或对他人的讲话产生一种消极反应的人体信号。同捂嘴相比，摸鼻子显得更隐蔽、更微妙。成年人由于经验丰富，经常会用这一手势。

有人可能会想："摸鼻子可能是因为鼻子发痒吧。"实验证明，如果一个人的鼻子确实发痒，而不是撒谎，那么，他绝大多数时候是用手揉或挠挠鼻子，而绝非是轻轻地触摸几下。

我们来看看手指经常用来表示数字的姿势吧。中国人一般伸出一个指头表示数目"1"，伸出第二个指头表示数目"2"，依此类推，一直到"5"。在表示"6"到"10"，则使用组合的手指势：伸出拇指和小指，将其余三指蜷起，表示"6"；拇指、食指和中指指尖儿撮在一起，表示"7"；伸出大拇指和食指，二者形成 90 度左右的夹角，其余三指蜷起，表示"8"。使用这一手势时，人们一般避免将食指对着他人，因为这通常也被当作表示手枪的动作，对着别人是不礼貌的；食指伸出，其余四指半握为拳状，然后将食指向内弯曲，表示"9"。"10"的表示法有两种：一种是两手食指交叉在一起来表示；一种是使用表示"5"的办法，手掌反转一次，意为两个"5"相加。这种表示数目的方法，经常可在年纪较大的人或酒桌上划拳的人那里见到。

⑩指尖相碰

一般来说，姿势是成群的，就如同组成句子的词一样，必须根据上下文（当时的具体情况）来理解。不过指尖相碰的姿势是个例外，它往往是孤立的，同其他姿势没有联系。采用这个姿势的，是这样一些人：他们自信、有优越感，很少使用身体语言。他们使用这样的姿势来表达自己的自信。

我对这个有趣的姿势的观察和研究表明，它常常被用于在上下级的互动关系中。它是一个孤立姿势，表示自信和无所不知。经理们给部下发号施令时，常用这个姿势。这在会计师、律师、经理之类的人群中尤为常见。

这个姿势分为两类：高举姿势和放低姿势。高举姿势通常是在谈话和发表意见时采取的；而放低姿势一般是在倾听他人说话时采取的。尼伦伯格和卡列罗指出，女性往往采取放低姿势。采取高举姿势时，头往后仰，显示出一种扬扬得意或骄傲自满的样子。

虽然指尖相碰是一种积极的姿势，但它既可以用于积极的方面，也可以用于消极的方面，很可能被误解。例如，推销员向顾客推销产品时，可能做出一些积极的姿势，包括：张开的手掌、倾身向前、仰起头等等。推销结束时，顾客可能采取一种指尖相碰的姿势。

如果指尖相碰的姿势是在其他一些积极的姿势之后采取的，说明推销员解决了顾客的问题，他可能获得订货。另一方面，如果指尖相碰的姿势是在一些消极的姿势（如双臂交叉、双腿交叉、目光转向别处，以及许多手碰脸的姿势）之后采取的，那就表明，这位顾客认为推销员没有解决他的问题。在这两种情况下，指尖相碰的姿势都意味着信心，但对推销员来说，一个是积极的，一个是消极的。指尖相碰姿势以前的动作是最后结果的关键。

⑪手指敲击

还有用食指或指关节用力敲打桌面的动作，这也是攻击动作的变形之一。这个动作一般会配合着强有力的语言出现。如果是单一方面发言，这个动作的出现表示说话的人非常有自信，心态强势，认为自己所说的是必然的事情，动作用于强调语言。在争论过程中，某一方强调自己的观点时，如果出现这种动作，则表示他们已经开始对对方的不顺从、不理解表示不满了（轻微愤怒）。

图44　手指敲击

第9种肢体语言:躯干

这一部分的研究对象是臀部、腹部、胸部和肩部,即我们所说的躯干。和腿脚的动作一样,人体躯干的很多行为也能反映出情绪大脑(边缘大脑)的真相。躯干是人体众多器官的载体,其中包括心脏、肺、肝和消化道,我们期待大脑能够运用它的聪明才智来保护那些受到威胁或挑战的器官。遇到危险时,不管这种危险是真实的还是我们幻想的,我们的大脑都会召集身体的其他部位来保卫那些重要的器官。保护的方式有多种,有的很微妙,有的则很明显。这里,我们主要来看几个常见的实例。

1.躯干倾斜

和身体的其他部位一样,我们的躯干在感觉到危险时的第一反应就是逃离。比如,当有东西抛向我们时,我们的边缘系统会向躯干发出立刻躲避的信号。一般来说,这种反应与袭击物体的性质无关,不管是棒球,还是正在行驶中的汽车,只要我们感觉到了,我们就会赶快闪躲。

同样的,当一个人站在一个令人讨厌的或自己不喜欢的人旁边时,他的躯干会倾向远离这个人的一侧。

如果在乘坐火车或公交车时,你留心观察便会发现人们在公共交通工具上捍卫自己领地的技巧。有些坐着的人会不停地左右摇动身体,仿佛在向周围人施压,也有人在抓住拉手的同时不停地胡乱打碰别人。看起来,这些人好像一直在扩展自己的领地,因为没有人愿意靠近他们。当有人不得不坐在或站在这些"古怪的人"旁边时,他们会将身体躯干倾向一侧,尽可能地不与这些人接触。下一次你乘坐交通工具时,一定要亲自见证一下。我相信,有些乘客是故意做出这样古怪行为的,这样可以让周围的人与他们保持一定的距离,并远离他们的躯干。后来谈起此事,有人告诉我:"如果你想让敌人望而生畏,首先自己就得表现得像一颗坚果!"

我们不仅会将躯干转离令自己不舒适的人,还会渐渐转离那些没有吸引力或令人厌恶的事物。

有时候，保持距离的动作出现得很突然而且很微妙，也许只是略微将身体转换一个角度。举个例子，情感上产生距离的夫妇，他们的身体接触也会随之减少。他们很少拉手，躯干也尽量避免接触，并肩坐着的时候，他们也会将身体倾离对方。他们在彼此之间搭建了一个沉默的空间。即使当他们不得不坐在一起时，如坐在汽车后座上时，他们也只会将头转向对方，而不会将身体转向对方。

2.腹侧否决和腹侧前置

人体躯干显示的信息反映了边缘大脑对距离和避让的需求，它们是人类真情实感的指示剂。当某种关系中的一方感到事情进展得不顺利时，他或她很可能是感觉到了对方细微的远离动作。这种远离动作还会以我们所谓的腹侧否决的形式出现。我们的腹侧（身体前侧）聚集着眼、嘴、胸等器官，它对我们喜欢和不喜欢的人或事物都很敏感。当遇到好东西时，我们的腹侧会倾向它，遇到喜欢的人时也一样。而当我们感觉到事情不妙，如关系发生了变化或遇到不喜欢的话题等，腹侧否决行为就会出现，我们会转换姿势或者转身离开。腹侧是人体中最脆弱的部位，因此大脑格外注意对它的保护。这就是为什么在宴会上，当我们不喜欢的人走近时，我们马上会下意识地微微转动身体。当然，这只是其中一个例子。在恋爱中，当两个人之间的腹侧否决行为越来越多时，他们的关系一定是遇到了麻烦。

边缘大脑除了会对视觉输入作出反应，对不合胃口的谈话也会作出一定的反应。在收看脱口秀节目时我们会发现，话音落下后，持不同意见的嘉宾会将身体倾离对方。

和腹侧否决相对的行为是腹侧展示，我们也称之为"腹侧前置"，即我们会将身体的腹侧展示给我们喜欢的人或事物。当我们的孩子跑过来拥抱我们时，我们会移开一切可能阻挡孩子的东西，甚至包括双臂。我们会将腹侧前置，是因为我们感到这样是最热情的，也是最舒适的。

事实上,我们会用"转过身去"这一短语来表达对某人或某物的消极态度,这是因为,我们总是用腹侧去面对自己喜欢的人或东西,而用背部去面对我们不喜欢的人或东西。

相爱的两个人会将身体跨过咖啡桌而倾向对方,他们的脸会挨得很近,因为这样能进行更亲密的视线交流。他们会将自己的腹侧倾向对方,即将自己最脆弱的部位展示给对方。这是大脑边缘系统的一种自然却经过进化的反应。

在会议室和其他集会上,躯干的非语言边缘行为总是层出不穷,其中就包括上述倾侧行为、腹侧展示或否决行为。观点相同的人会亲密地坐在一起,并更多地向对方展示自己的腹侧,还会融洽地倾向对方、靠近对方。当人们意见不同时,他们会紧紧地控制自己的身体,避免腹侧前置(除非受到什么攻击),这种情况下,他们很可能会将身体侧离其他人。这样的行为是在下意识地告诉别人:"我和你意见不同。"当然,与其他非语言行为一样,这样的动作也要被放到具体的环境中去解读。例如,一个职场新人在会上看起来比较僵硬和约束,这并不表示他不喜欢会议内容或持不同意见,他只是有些紧张。

3.躯干保护

如果现实情况不允许我们远离自己不喜欢的人或物时,我们会下意识地用手臂或其他事物为自己筑起一道壁垒。例如,交谈中的商人可能会突然系上夹克的扣子,那可能是因为谈话让他感到了不适,而谈话结束后,他才会重新解开扣子。

当然,扣上衣扣并不一定表示一个人感到了不适,通常,人们会扣上衣扣,是为了让某个场合变得更正式或是表示对老板的尊重。在某些场合中,我们并不能把这类动作完全看做是一种安慰方式,如在烧烤野餐会上,它所表达的含义也可能不是不安。

有一点令我印象很深,美国总统们总是穿着马球衫去戴维营,而在40英里外的白宫,他们则一直西装革履。这样的着装(不穿外套)实际上就是在告诉我们:"我在向你们敞开心扉。"总统候选人在竞选中也是通过这种方式向民众传递信息的。他们会脱掉外衣、卷起袖子、毫无架子地站在他们的"民众"面前。

也许这不足为奇,女性的躯干保护行为比男性可多很多,尤其是当她们感到不安全、紧张时。为了保护自己的躯干并令自己感到舒适,女性可能会将双臂交叉放于胃部。她们可能还会用一只手臂斜跨胸前,然后用另一只手抓住手臂的手肘。这也是一种壁垒。女性的这两种下意识的行为都是为了保护和隔离自己。

在学校里,女生走路时常常会将笔记本抱于胸前,新生开学的前几天尤其明显。随着舒适感的增加,她们的动作也会发生改变,如将笔记本放于身体一侧。考试的那几天,这种胸前保护行为又会再次增加,甚至有些男生也会这么做。女性还会使用背包、公文包或钱包来遮挡自己,特别是一个人独处的时候。

图 45　躯干保护

不管出于什么原因(可能是不想被人看见),男性的躯干保护行为总是很细微的。男性喜爱的另外一个小动作是固定领结,因为这种动作可以让手臂护住胸前和颈部部位。这类保护动作的出现说明这个人在那一刻产生了些许不安。

有一次,我站在超市的结账通道等候,前面是一位女士。她使用的是借记卡,但收款机一次又一次地拒读。她每次输完密码后双手都交叉于胸前,直到最终放弃并恼怒地离开。我观察到,每次她的卡被拒时,她的手臂就会抱得更紧,双手也抓得更紧。这种信号清楚地说明她的愤怒和不适感正在上升。

孩子们在不高兴时或不听话时也会将双臂交叉,就连较小的孩子也会这么做。这些保护行为的形式多种多样——将双臂交叉放于腹部,或将双臂交叉得更高并用双手抓住双肩。(在手臂的那部分已详细说明)

有人可能会说,交叉双臂可能只是因为冷而已。即使这样,也不能否定非语言行为的意义,因为寒冷也是一种不适。在被询问中感到不适的人(如犯罪调查中的嫌疑犯、犯了过错的孩子或工作中出现问题的工人)经常会喊冷。不管出于何种原因,当我们感到苦恼时,我们的边缘大脑就会召集身体的各个系统进入冻结/逃跑/战斗反应的准备状态。准备之一就是,血液会被输送到四肢的大块肌肉中,也就是说,血液会暂时离开皮肤。这样一来,有些人会暂时失去正常肤色,也就是我们平时所说的“大惊失色”。由于血液是我们身体取暖的主要来源,一旦血液被从皮肤处送往深处的肌肉处,我们的身体表面就会感到寒冷。

4.躯干弯曲

弯腰动作的含义在全世界都是一样的,无外乎奉承、尊敬或受到表扬(例如掌声)时的一种谦逊。例如,我们可以观察一下现在的日本人和中国人是如何通过鞠躬(尽管他们现在的鞠躬幅度小了很多)表示对别人的尊重和敬意的。自动地鞠躬或叩头还是阿谀奉承或地位卑微的表现。

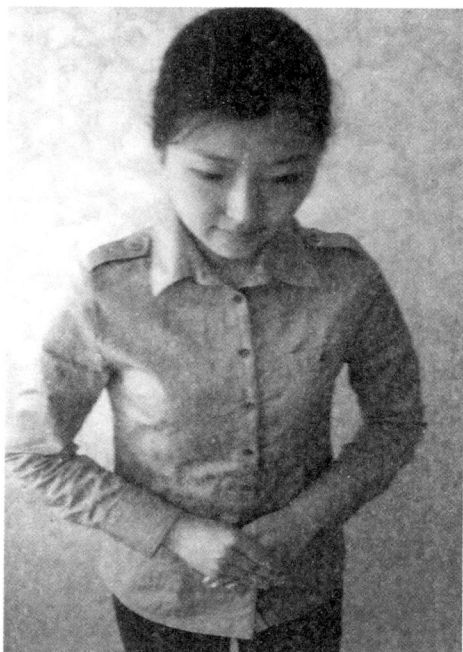

图 46　躯干弯曲

对于西方人来说,叩头并不是件简单的事。但是,我们在不断扩大交往范畴的过程中,学会了略微弯下我们的躯干,特别是在遇到长者或值得尊敬的人时。有时候,我们偶然还会看到东欧人,特别是上了年纪的人还会做出点起脚跟并微微鞠躬的动作,他们用这种方式表达对别人的尊重,每当看到这一幕,我都会感叹,多么迷人的动作啊,当今世界的人居然还能用这种方式来表达亲切和敬意。

5.躯干伸展

伸展是一种舒适的信号。但是,当人们正在讨论很严肃的事情时,这样的动作就成了一种霸道的表现。青少年经常会这样,他们在受到父母的责罚时就四肢伸展地坐在椅子上以示对抗。这种伸展行为表现的是对他人的不尊重,是对别人权威的漠视,是不值得鼓励的,也是不能让人容忍的。

如果你的孩子每次遇到严重问题时都会做出这样的动作,那么你应该立刻要求他坐直,这样能起到中和作用。如果要求无效,你就侵入他的领地(如挨着坐在他旁边)。出于对你的空间入侵的边缘反应,他会立刻坐直。如果你放任孩子,他会对你越来越不尊重。另外,如果不及时管教,孩子长大后会很容易在本应集中注意力坐直的工作场合做出这样的动作,这对工作是十分不利的。

6.挺起胸膛

与其他生物(包括蜥蜴、鸟类、狗和我们的近亲灵长类动物)一样,人类在试图掌控自己的领地时会挺起胸膛。注意观察一下正在吵架的两个人,他们会像大猩猩那样挺起胸膛。虽然看似好笑,但是,挺胸的动作是不容忽视的。你可以从学校操场上要打起来的孩子身上观察到这一点;你还可以在职业拳击正式开战前观察到这一点。

7.露出部分躯干

有时,准备打架的人会脱掉衣服。这样做的目的可能只是单纯地想放松一下肌肉,也可能是为了保护被脱去的衣服,或是让对方找不到着手点,没人知道。无论如何,当你和别人发生争吵时,如果对方突然摘掉了帽子或脱掉了衬衫,你就要小心了。

几年前的一天,我的两个邻居因为一点小事(一个人将水喷在了另外一个人新打过蜡的车上)起了争执。争吵愈演愈烈,其中一个人突然解开了上衣的扣子。于是我知道,拳头很快就要挥舞出去了。果不其然,上衣被脱掉了,他们开始用胸撞击对方,紧随其后的是用拳头互打。这有点令人难以置信,两个成熟的男人竟然会为车上的一点水渍打得不可开交。其中最值得我们关注的就是他们大猩猩般的撞胸动作。

8.大口喘气

承受了很大压力的人,胸膛起伏或扩展收缩都会较快。当大脑的边缘系统被激发后,它会集中精力做好逃跑或战斗的准备,身体会试图吸入更多的氧气,而这一目的主要是靠深呼吸或大口喘息来达成的。受到压力的人,他的胸腔会大幅度起伏,因为这时边缘大脑会说:"可能有情况——加快氧气吸收,我们要做好逃走或战斗的准备!"当你看到一个健康的人做出这样的动作时,你可以猜测他可能正在承受巨大的压力。

9.肩部收缩

谈到双肩,我们不得不注意一些正处于消极状态下的人。他们会慢慢地将双肩提升到耳朵的高度,看起来就像脖子没了一样。这一动作的焦点是双肩的缓缓上升。基本上,人们做这样的动作的目的就是想缩回自己的头,就像乌龟那样。做这样动作的人缺乏信心,而且感到非常不自在。我曾在很多会议上看到有人做这样的动作,尤其是当老板走进来说"好了,我想听听大家都在忙些什么"时,动作尤为明显。当大家七嘴八舌地谈论自己的骄人业绩时,业绩平平的人则会越缩越低,他们的肩膀不断上升,仿佛要把他们的头藏起来一样。

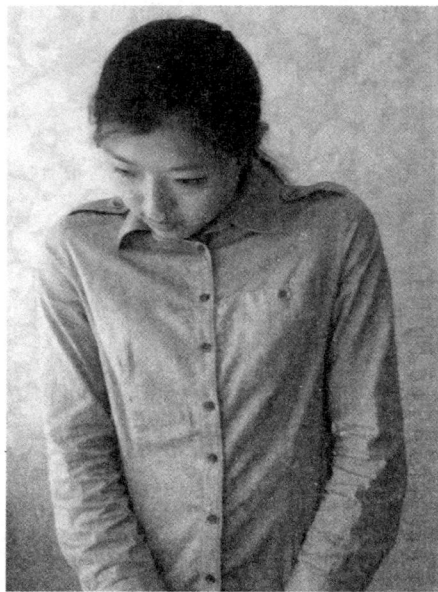

图 47   肩部收缩

我们在很多家庭中都可以看到类似的乌龟缩头动作。例如,当一位父亲对孩子们说:"我很伤心,因为有人打破了我的床头灯却没有告诉我。"这时一个孩子的动作可能是这样的:低着头、双肩升至耳朵高度。输了球的足球运动员在走向更衣室时也会做出同样的动作。

10.耸肩

耸肩,与其伴随的动作可能是摊开双手、舒展身体等。专家在阐述耸肩的表现意义时,大多数认为表示轻蔑、疑惑、惊讶等,而耸起的肩膀也可以传递出一种无助的信息。

另外,耸肩也被定义为一种自我保护形式,或是一个面对困局选择退却的信号,相反地,一个人觉得无能为力或不确定时就会采取与此相反的动作了。他会隆起双肩,把头一斜,掌心向上,两手一摊。

如果我们从一群人身边经过,他们正在激烈地交谈某件事物,或是专心地听取别人演讲时,那么为了不打扰他们,我们会选择低头耸肩地经过,努力让自己显得更弱小而不去引人注意。

11.腹部前倾与腹部收缩

从人体的众多部位来说,腹部是最为柔软并且最容易遭受攻击的部分,也非常敏感,腹部的变化也较为细微并且不易察觉。腹部前倾的动作,其实在生活中很容易见到,专家告诉我们说,其实当人们见到熟识的朋友时,身体前倾,展开双臂,给对方一个温暖的拥抱,这就是腹部前倾的姿态。当我们意识中产生积极的一面,而且状态较为缓和舒适时,就算是把柔软的腹部袒露出来也可以。

然而,相对于腹部前倾的愉悦状态相比,腹部收缩,可视为一种警觉性行为。专家认为,在面对让我们感到危险或者不快、消极的事物时,我们的腹部会不自觉地收缩,甚至导致弯腰、弓背、抱头等动作。

也许就在我们坐下与人交谈的过程中,这种腹部的动作,前倾或收缩就可以显露无遗。在我们心情愉悦、心思专注或者对某种事物感兴趣时会把身体前倾，将腹部袒露；而在心情烦闷、厌恶时，就会收缩腹部。这种细微的腹部动作可以精确地告诉我们对方与你进行互动时的状态，只要你认真仔细地去观察就会发现这些奥妙。

第 10 种肢体语言：腿

1.交叉腿

像手臂壁垒姿势一样，交叉腿也是一个信号，表明可能出现否定的或防御性的态度。在胸前交叉双臂的目的原本是为了保护心脏和上肢部分，而交叉腿则是为了保护生殖部分。交叉双臂比交叉腿在更大的程度上表现了否定的态度，也更为明显。解释女性的交叉腿时，要小心谨慎。因为许多女人被教导说，女人应当有"女人的坐相"，那就是交叉着腿。然而，对她们来说，很遗憾的是，这种姿势可能使她们显得是在防御别人。

有两个基本的交叉腿坐相，即标准的交叉腿和锁定腿姿势。

（1）标准的交叉腿姿势

一条腿规矩地放在另一条腿上，通常是右腿放在左腿上。这是欧洲、澳大利亚和新西兰等国采取的交叉腿的姿势，用来表示紧张不安的、拘谨的和防御性的心理状态。不过，这个姿势通常是跟其他否定的姿势结合起来使用，不应孤立地加以解释。人们在听讲时或者长时间坐着不舒服的椅子时，往往采取这个姿势。在寒冷的季节也常采用这个姿势。当交叉腿姿势同交叉双臂结合起来使用时，此人已经退出谈话。如果买主已经采取这样的姿势，推销人员还要求对方作出决定，那是愚蠢的。在这种情况下，推销员应当试探性地问一些问题，弄清楚他为什么采取反对的态度。大多数国家的妇女也采取这个姿势，特别是当她们对自己的丈夫或男朋友表示不满时，更是如此。

图 48　交叉腿

（2）美国人交叉腿的姿势

美国人习惯将一只脚踝放在另一条腿的膝盖上，这种交叉腿的姿势表明，此人采取辩论或竞争的态度。美国许多竞争心较强的男性采取这种坐着的姿势。既然是这样，那就很难解释美国人在交谈时的这种态度了。不过，当英国公民采取这种姿势时，其含义是非常明显的。

在新西兰有一场系列会议，与会的听众包括大约 100 名经理和 500 名推销人员。他们讨论了一个争议很大的问题，就是公司如何对待推销人员。有一个推销员是有名的"刺头"，在听众中间很有些名气，他被要求在会上发言。当他走上讲台时，经理们几乎毫无例外地采取了防御性姿势。这表明，他们感到这个推销员讲的话会使他们受到威胁。他们的担心是有道理的。这个推销员大放厥词，指责这个行业的大多数公司管理不善。他认为，这个行业之所以在招聘人员方面感到困难，这是重要因素之一。在他讲话的整个过程中,听众中间的推销人员聚精会神,表现出很大的兴趣,许多人采取了评价性的姿势。但是,经理们则采取了防御性姿势。这个推销员转换话题,谈到经理们同推销人员的关系问题。经理们好像合唱团的成员接到乐队指挥的命令一样,一下子就改变为竞争性的姿势。显然,他们内心里不同意这个推销员的观点,许多人后来证实,的确是这样。不过,也有几个经理没有采取这样的姿势。原来虽然他们不同意这个推销员的观点,但他们由于肥胖和关节炎,无法采取交叉腿姿势。

在推销中,当买主采取这样的姿势时,推销员还要求订货,那是不明智的。那时,推销员应当张开手掌,开诚布公地对他说:"我看你在这方面有些想法,我愿意听听你的意见。"然后,靠在椅背上,让买主说话。这给买主一个机会谈谈他的意见。

(3)用手锁定腿的姿势

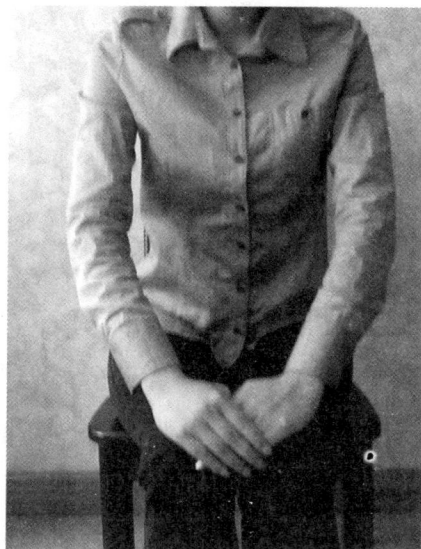

图 49　用手锁定腿

在争论或辩论中态度坚决的人往往用一只手或两只手锁定腿的姿势。这表明此人态度坚决,非常顽固,需要采取特殊的办法,才能打破他的反抗。

(4)站立交叉腿的姿势

下次你参加会议或社交活动时,你会注意到有一小批人始终站立着交叉双臂和双腿。通过观察,可以发现,这些站立的人彼此距离比较远;如果他们穿着外套或夹克,他们通常是扣着扣子的。如果你问问这些人,便可以发现,他们在这群人中间几乎全是陌生人。这就是为什么大多数人在陌生的人中间总是站立的原因。

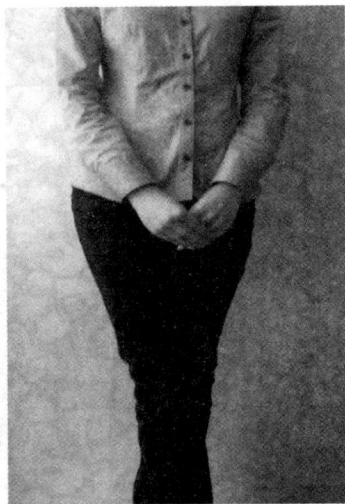

图 50　站立交叉腿

你还会注意到,另有一小群人,他们站立着,伸着胳膊,展开手掌,解开外套的扣子,显得很轻松,踮着一只脚,另一只脚指向对方,彼此不断进出对方的"亲密地盘"。仔细调查一下,会发现,这些人都是朋友,彼此非常熟悉。有趣的是,那些双臂和双腿放开的人,面部表情轻松,自由自在地交谈;而那些双臂和双腿交叉的人则不那么轻松和自信。

下一次,你不妨参加到你不认识的人中间,把你的双臂和双腿紧紧地交叉起。这些人原先采取开放式的友好姿势,看到你掺和进来,他们便也把双臂和双腿交叉起来直到你离开为止。你离开以后,再看看,他们又都恢复了原先的姿势。

(5)锁定踝骨的姿势

采取交叉双臂或双腿的姿势表明,此人持有否定的或者防御性的态度。锁定踝骨的姿势也是这样。男性锁定踝骨时,往往还把攥拳的手放在膝盖上,或者双手紧紧地握住椅子的扶手;女性的这个姿势略有不同,她的膝盖彼此靠得很紧,两脚都在一边,双手并排放在一起或者一只手放在腿上,另一只手放在这只手上。

我们在十多年进行面谈和推销产品的过程中作了多方面的观察。我们发现,当被面谈的人锁定其踝骨的时候,他是在心里进行克制。这个姿势表明他正在努力压抑否定的态度、不安或恐惧的心理。例如,我的一位律师对我说,他常常注意到,在法庭听证会就要开始的时候,跟这个案子有关的人们几乎全都是把踝骨锁定在一起坐着。他还发现,他们都等待着想说点什么或者一直在努力控制自己的感情。

我们在对可能的雇员进行面试的时候,发现其中的大多数人在面试的某个时候把踝骨锁定,从而表明他们在克制某种情绪或态度。在我们研究这个姿势的初期阶段,我们发现,对被面试的人提一些问题,并不能使他放开他镇定的脚踝。但我们很快发现,如果主持面试的人在被面试的人的桌旁走走,然后坐在他的旁边,清除了桌子的壁垒,他的脚踝往往就解开了,谈话有了一个开诚布公的亲切气氛。

最近,我们向一家公司提供咨询意见,告诉它如何有效地使用电话同顾客进行接触。这时,我们碰到了一个年轻人,他负责一项并不轻松的工作,给欠账的客户打电话。我们看着他打了许多电话。虽然他说话的口气很轻松,但我们注意到,他的两只脚在椅子下面紧紧地锁在一起。我问他:"你喜欢这个工作吗?"他回答说:"喜欢,很有趣。"他口头这么说,但同非语言的信号不一致。我进一步问道:"真的是这样吗?"他迟疑了片刻,放开脚踝,对我张开手掌说:"老实说,简直使我发疯了!"他接着对我说,他接到一些客户的电话,他们对他很粗暴,他尽量克制自己的感情,以免传染别的客户。有趣的是,我们注意到,那些不喜欢打电话的推销员紧紧地锁着脚踝坐着。

谈判高手发现,每当一方在谈判中紧紧锁着脚踝的时候,那往往意味着,他有一个有价值的让步方案不肯拿出。他们发现,如果他们采用提问的办法,常常可以鼓励他放开脚踝,透露他的让步方案。

往往有这样一些人,他们说,他们习惯于锁着脚踝坐着或者采取否定的臂腿姿势群,因为他们觉得这样舒服些。考虑到否定的姿势可能增加或延长否定的态度,别人会把你看成是防御性的人,有鉴于此,你最好还是采取积极的和开放性的姿势,以提高你的自信心和改善你同别人的关系。

习惯成自然,现在许多女性仍然采取把腿和踝骨交叉起来这个姿势。这可能使别人误解她们。人们会对这些妇女作出谨慎小心的反应。在下结论之前,必须把女性时尚趋势考虑在内,因为这会影响妇女的腿部姿势。

(6)脚锁腿姿势

大概只有妇女采取这个姿势。一只脚面锁在另一条腿的周围,以加强防御的姿势。当这个姿势出现时,可以肯定,这个妇女在心理上是离群索居的,或者说,像乌龟一样退进自己的硬壳里。如果你想打开这个硬壳,就必须采取热情的、友好的、低调的态度。羞涩的或者胆小的女孩往往采取这样的态度。

我记得这样一次面谈：一位新的推销员向一对刚结婚的年轻夫妇推销保险，结果以失败告终。这个新的推销员不知道他为什么失败，因为他完全遵循了推销的规则。我向他指出，他未能注意到，在整个推销的过程中，那位妇女始终是脚锁着腿坐着。如果这个推销员明白这个姿势的含义，他也许能够使她注意聆听他的介绍，从而取得较好的结果。

2.轻摇腿和脚

在很多场合，比如开会、聚餐、观看各种赛事等，我们会在不经意间做出一些这样的行为与动作：身体上半部分保持静止，而腿和脚却不停地摇来摇去。在我们众多肢体语言中的，这个小动作究竟能说明什么呢？专家认为，一个人上半身保持静止状态，却轻轻摆动自己的腿和脚，是他不适应或者不舒服的一种表现。但是，有些时候，轻轻摆动腿和脚也可能是人对于某个好消息所做出的反应。

心理学研究专家大卫在给 FBI 警员进行培训的时候，通常会事先组织警员们进行一场扑克大战，通过打扑克的活动，让大家仔细观察参战选手们腿部和脚部的动作，当时，大家都觉得无法理解。在扑克大战结束后，大卫告诉大家，当选手们手里拿的是好牌的时候，他们的腿和脚就会在桌下摆来摆去，可脸上却表现得很镇定，没有一丝一毫的变化。也就是说，一个人在心情好的时候，总会不自觉地"手舞足蹈"。

心理学研究专家大卫针对这一现象给警员们做出了分析，如果人的腿部和脚部动作由轻轻摆动变成了"蹬"或者"踢"的动作，通常是因为当事人对于周围发生事物的回应可能是消极的，心情是烦躁的，恨不得立即用脚将它踢开。而脚踝部不断地扭动的动作，也传达了他的心理压力较大，即将失去耐心的信息。

3.揉搓大腿

在生活工作中经常有这样的现象，在聚会中常会有一些宾客一边揉搓大腿一边观察周围；刚刚接到不满意工作回馈报告的雇员也会边看报告边揉搓大腿；正因为预算超支弄得焦头烂额的经理也会做出这种举动。这些现象表明，人在用双手在大腿上来回揉搓是一种平复心情以及减轻压力的表现。专家认为这种揉搓大腿的行为，从某种程度上来说，可以有效缓解我们内心的不安和焦虑，也可以使我们自己保持心态平和、精力专注。

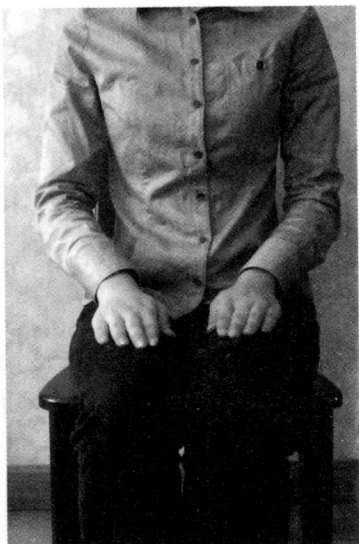

图 51　揉搓大腿

第 11 种肢体语言：足

1.快乐脚

快乐脚是指高兴时双腿和双脚一起摆动或颤动。快乐脚有时会突然出现，特别是听到或看到某些意义重大的事情或事物时。快乐脚是一种非常可靠的信号，它表示一个人认为他正在得到他想要的，或有优势从另一个人或周围环境那里赢得有价值的东西。

你不需要钻到桌子下面去寻找快乐脚，只要看看一个人的衬衫或肩膀就可以了。如果他的脚在摆动或颤动，他的衬衫和肩膀也会随之摇摆或上下震动。这些动作非常细微,但是,只要你注意观察还是可以看得到的。

朱莉是一家大公司的人力资源主管,她告诉我,她是在我的一次研讨班上开始注意脚部动作的。几天前,她将新知识恰当地运用到了工作中。"我负责为公司选拔海外任职人员,当我问一位应聘者是否愿意到海外任职时,她的脚开始活动,我看到了快乐脚,她的答案也是肯定的。但是当我告诉她要去的地方是孟买或印度时,她的两只脚同时停了下来。注意到这一点后,我便问她为什么不愿意去这些地方。这名应聘者十分惊讶。'这么明显吗?我并没说什么。有人跟你说了什么吗?'我告诉她,我能感觉到她不太愿意去那些地方。'你是对的。'她承认了,'我以为是去英国,我在那边有很多朋友。'很明显,她并不想去印度,她的脚毫无保留地泄露了她的感觉。"

此外,还有两个问题需要注意。首先,和所有的非语言行为一样,我们必须把快乐脚行为放在具体的环境中考量。例如,如果一个人天生就有神经过敏足(多动脚症候群的一种),那么我们就很难判断这个人的动作是不是快乐脚行为。再比如,如果双脚摇动的频率或强度增加,而且是发生在这个人听到或看到某些重要事件之时,那么,这就是一种对事情现状更有信心且更满意的信号。

其次,腿脚的动作有时只是一个人不耐烦的表现。我们可以对一个班的学生进行观察,留意他们的腿脚多长时间抽动一下,多长时间摆动或移动一次,踢动的频率怎样等。通常,在临近下课时这些动作会变多。这时的"快乐脚"就不再快乐,而是不耐烦和希望事情加速的信号。

2.转向脚

通常,我们会将身体转向自己喜欢的人或事。事实上,我们也可以通过这种信息判断别人是否愿意见到我们,或是否更愿意离开我们。假设你走近两个正在谈话的人,你认识他们并想加入他们的讨论,于是你走过去跟他们打招呼。可是,你并不确定这两个人是否愿意你加入,那么,注意观察他们的脚和躯干动作。如果他们移动自己的双脚和躯干来欢迎你,那么他们的欢迎应该是全心全意的。如果他们并没有移动双脚,而只是转了转身说了声"你好",那么表示他们不愿意你加入。

同样,我们会转身离开那些我们不喜欢的人或物。通过对法庭行为的研究我们发现,如果陪审员不喜欢某位证人,他们会将双脚转向最近的出口处。从腰部以上的部位看,陪审员对正在陈词的证人表现得十分有礼貌,可是他们的脚却本能地选择了"逃跑线路"。

一个人将双脚移开就是一种寻求解脱的信号,说明他想远离自己的位置。当你与人交谈时,如果发现对方渐渐地(或突然地)将他的双脚从你这一侧移开,这时候你应该做些调整了。你想知道这种行为发生的原因吗?其实,有时候是因为这个人约会要迟到了,不得不走。但是,有时候却是因为这个人不想再听下去或待下去了。又或许是因为你说了什么冒犯的话或做了什么令人厌烦的事。总而言之,转向脚是一个人想要离开的信号。

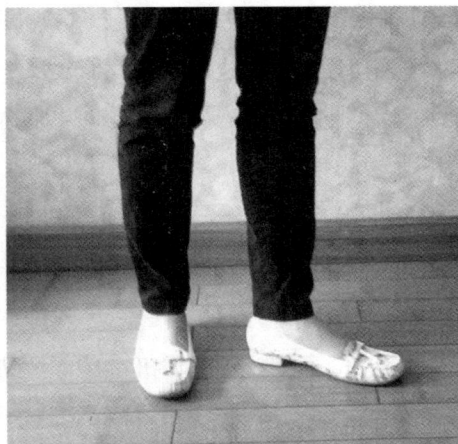

图 52　转向脚

最近,我也遇到了这样的问题。我与一位客户谈了 5 个小时,聊得非常投机,但是我注意到,这位客户将腿拐到了与他的身体成直角的位置,这只脚好像要自己离开似的。于是,我问道:"你是不是有事要离开?"他回答说:"是的,很抱歉,我并不想不礼貌,但是我必须要打个电话到伦敦。我只有5分钟了。"

事情就是这样,虽然我的客户表现得很热情,他的脚却是最诚实的,它们清楚地告诉我,他很想留下,但是同样想做自己要做的那件事。

3.背离重力的脚

当我们感到高兴或幸福时,我们走起来会如步青云。恋人们互相陶醉的时候如此,孩子们盼望去主题公园时也是如此。对兴奋中的人来说,重力好像不起作用一样。这些行为都十分明显,但是,在我们所处的环境中,这种背离重力的行为似乎每天都在逃避我们的视线。

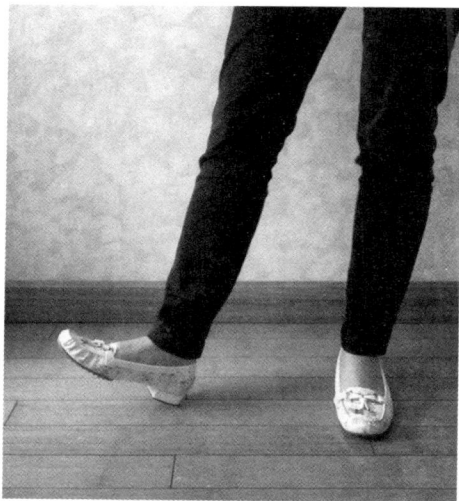

图 53　背离重力的脚

不久前,我观察过一个用手机打电话的人。听完电话后,她本来平放在地板上的左脚换了一种姿势。她的脚跟还处于着地状态,脚的其他部位却向上翘了起来,脚趾指向天空。一般人可能不会注意到这种行为,或者认为这是一种无关紧要的动作。但是,接受过训练的观察员都知道,这种行为说明那个人一定是听到了什么高兴的事。果然如此,我在走过她身边的时候听到她说:"真的吗?太棒了"!

即使是一个站着不动讲故事的人可能也会做出拔高身体的动作。

为的是强调重点,而且他可能会不断重复这样的动作。其实,他是在下意识的状态下做出这样的动作,因此,这些挺拔的动作是最诚实的线索,因为它们更愿意将符合这个故事的真实情绪表达给我们。

有趣的是,这种行为很少发生在临床忧郁症患者身上。身体总能准确地反映出一个人的精神状态。所以,当人们高兴时,我们就能看到更多的背离重力的行为。

这些行为会骗人吗?我想,它们会。尤其是对演技派演员来说,应该不是什么难事。但是,一般人是不会懂得如何调节自己边缘行为的。当人们想要控制他们的边缘行为或背离重力的时候,他们的动作要么看起来太过做作,要么看起来太过消极,要么感觉太受环境约束,或者缺少生气。一个违心的招呼是很难让人看到诚意的,因为手臂上扬的时间不够。同时,这个打招呼的人的眉毛也是下弯的。可见,背离重力的行为应该是一个人的积极的情绪状态的晴雨表。

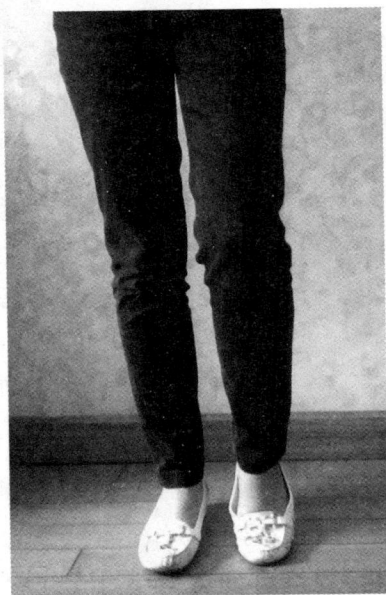

图 54 "起跑"的脚

有一种非常具有情报价值的背离重力的行为,叫作"起跑姿势"。在做这个动作时,一个人静止的脚(如平放在地上)会转换到一种预备起跑者的姿势,即后脚跟翘起,重心全都转移到脚掌上。这也是一种意图线索,它告诉你,这个人已经准备好要做一些肢体动作了,而这种肢体动作需要脚的配合。它可能表示这个人想离你远一点,或者想离开。

4.双脚在脚踝处相扣

根据超过 30 年担任 FBI 面试官的介绍,FBI 在工作中发现,当人在感觉到焦虑、担心、恐慌或者害怕的时候,总是会在行为中表现出比如紧咬嘴唇,或是将双手并排、交叠着轻轻放在腿上。FBI 曾做过这样一个调查,调查表明在等候法庭宣判时,被告做出脚踝相扣这一动作的几率是原告的三倍;而同时对牙科患者的调查则显示,88%的患者坐上牙科治疗椅就会做出脚踝相扣的动作。

同时,调查也表明,恰当的提问技巧在某种程度上可以让脚踝相扣的交谈对象松开自己的脚踝,恢复到放松的状态。

5.脚的指示作用

专家认为,当你和领导谈话的时候,观察对方的脚部动作,若他的脚尖转向远离你的位置时,暗示了他想要离开。这有可能是因为领导对你和你们之间的谈话缺乏兴趣,或者是有其他的安排,比如,约见其他人的时间已经到了。因此,作为下属,你一定要读出领导的暗示与想法,这时,最明智的做法就是迅速结束你们之间的谈话。如果你此时仍然还是与领导喋喋不休地说,不仅会让领导觉得厌烦,而且你想要达到的效果也会大打折扣。因为此时,领导的心思早就已经转到其他事情上了,他根本不会用心听你的谈话。

6.脚的朝向

头和身体都离中枢神经系统很近(大脑和脊髓),相对比较容易控制。而腿和脚则远离中枢神经系统。如果被测试人遇到有效的负面刺激,那更大的破绽会出现在其腿和脚的姿态及动作变化上,这些破绽也更加本能,更加可靠。美国有位前 FBI 特工就曾经在书中总结过:"从头到脚,可信度逐渐增强。"

正常的交流,无论头和躯干的姿态如何,双脚脚尖一定是指向对方的(站姿),或者双腿延伸线形成的扇形区域会把对方涵盖在中间(坐姿)。

但是在受到负面刺激时,腿和脚会下意识地改变其姿态和动作,通过调整角度来避免和负面刺激源直接相对。

表现出来的站姿反应可能是转身(其实是脚尖指向逃离方向,腿和躯干被迫跟着改变方向),且呈一前一后状(起跑姿态)。

坐姿反应是把腿并拢,朝一侧倾斜,这种反应除了用于表现矜持之外,还可能是在刻意逃离刺激源,将刺激源驱赶出自己正常交流的可接受范围。也有可能双脚脚尖都接触地面,保持双腿轻微紧张状态(随时抬腿起身就走)。这两种反应,前者属于比较隐晦的表现,后者属于相对比较明显的表现,可以根据不同的刺激源以及不同的被测试人性格特征来进行判断。

这两种腿和脚的姿态变化,在正常的交流过程中,都会显得比较突兀,但却很少引起人的疑惑和关注;偶尔觉得哪里似乎不对,也很少有人会追问其所代表的含义。的确,在没有学习过肢体语言的情况下,其实很多人都能注意到一些特殊的反应,具备感受或者猜测别人心理的能力,只是不能确定。肢体语言的研究,可以给你的推测提供一份考量标准,看看自己是想多了,还是确有其事。

小知识:国际交往中肢体语言禁忌与礼仪

1.日常生活中的礼节性肢体语言禁忌

(1)当着人家的面剔牙

当着外人的面剔牙是不礼貌的,他们马上向你投来像见到野蛮人一样的目光。

(2)从嘴里吐出东西(打嗝儿、吐唾沫)是不好的,但有些国人对此可没有一点表示歉意,甚至随地吐痰也习以为常。这种身体语言实际上是在告诉别人:"我的行为就是这样粗俗。"

（3）当着人家的面提裤子

特别是在妇女面前做提裤子的动作是很不礼貌的。其实,不只是男士不应该这样做,有些穿长裤的女士也应该注意。这种动作等于你在用身体语言说"粗话"。

（4）"蹲着""敞开腿坐"是令人讨厌的,也是不雅观的。这种姿势被认为是很不礼貌的。特别是在车站或机场等处,周围的人会觉得难为情。

（5）当着人家的面脱鞋

从电影中也可以看到,欧美人是到床边才脱鞋的。在公共场所,脱鞋或让人看到自己穿的袜子是不可想象的。不过,在长距离飞行的飞机中则可以穿拖鞋。在国内,仍有很多人穿着拖鞋出家门,这实际上显得很没有礼貌。

（6）抚摸孩子的脑袋

不管是欧美人,还是亚洲人,都讨厌别人摸自己的脸或身体。因此,一旦碰到人家的身体,应当马上说:"对不起。"但在我们身边,有些人就是喜欢摸人家孩子的头,这不是好习惯,还是及早改掉为好。

（7）让孩子坐在自己腿上

在德国,宁可让3岁以上的孩子站着,也不让孩子坐在大人的腿上,但在我国,情形却相反。不仅孩子在公交车上抢座,甚至有时宁可让父母长辈站着,自己也要坐。这一切,都是父母教育不当惹的祸。当然孩子有病时是例外。过于溺爱孩子的母亲是被人笑话的。

（8）用手指着别人

用手指着别人是不礼貌的。比如用手指着别人说:"唉,瞧那边,就是那个蓝眼睛的家伙,正朝这边发怒啦!"等等的举动是不好的。

（9）与别人并排走路

走路时,要考虑到其他行人。几个人并排走路是不好的,还包括并排骑车等。这种做法是没有考虑他人方便与否的缘故,因而是不合适的。

(10)向谁都要求握手

男的不能主动向女的要求握手,即使握手,也只限于女的先把手伸出来的时候,对比自己身份高的人也应该如此。过于热情的人要注意这一点。其次,妇女在与男士初次见面时,可以相应地以点头示意代替握手。

(11)一只手放在口袋里握手或点头哈腰跟人握手

要大大方方,面对面地握手。有些人见面时马上会拿出名片来,但是与业务无关时不需要拿名片。当有人要与你握手时,男的必须站起来,女的则可以坐着。如果对方是双手与你握手,你应该立即回应双手握。

(12)在餐桌上化妆

在餐桌上化妆,有时会被当做高级妓女在招揽生意。

(13)用手捂着嘴笑

用手捂着嘴笑的动作,法国人认为这是情人之间的秘密暗示,英国人则认为是"嘲笑"人。不管怎样,这不是好动作,一般情况下,还是不做这种动作为好。

(14)把脚放在前座靠背上

有一些不拘小节的人,把脚放在前边座位旁边的空席位上,这也是不好的。事实上,无论前座上有没有人,我们都应该避免这种行为。

(15)当众换衣服

不应当着人家的面露出内衣。换衣服时,请到厕所去换,尽管厕所内比较狭小。

2.用餐时的肢体语言禁忌

(1)把餐巾全部铺开

使用餐巾时,不要像铺包袱皮那样全部铺开。餐巾的折缝朝前,放在自己的腿上。把餐巾挡在胸前是幼儿和病人的铺法。当然,小餐巾可以全部铺开,在飞机上食物比较容易洒出来的情况下也是可以的。另外,宴会时不要抢在主人之前取餐巾。擦手擦嘴时,要用餐巾的背面。

（2）坐时跷起二郎腿

用餐时不要跷腿而坐。在欧美,从小就严格要求孩子不要养成这种坏习惯。但是,在快餐部、自助餐馆、酒吧间喝茶饮酒时是可以的。用餐发出声音在各国都认为是不礼貌的。喝茶、饮酒、吃意大利细面条,都不应发出声音。

（3）汤热用嘴吹

汤太热可以用汤匙搅和搅和,等凉了以后再喝。从你嘴里吹出来的任何东西都会使别人感到讨厌,就像有些人打喷嚏、抽烟对着别人一样。

（4）用餐刀吃东西

刀是用来切东西的,即使在日本也不能用刀子尖叉生鱼片吃。

（5）挥动餐具

在日本,乱摆动筷子也是不礼貌的。和同座的聊天时,应把刀叉放在盘里,小声而又彬彬有礼地谈话才行。

（6）放声大笑

欧美人的习惯是轻声愉快地交谈,并且不会发出磕碰食器的声音。有意放声大笑,让别的客人听见会被人看不起。

有一个笑话,外国人看见两个中国人"在吵架",于是叫来警察,一问,才知是那两个中国人在说话。中国人的大嗓门可是"举世闻名"的。

（7）大声喊服务员

不要大声呼叫"服务员"。当双方目光碰到一起时,轻轻地打个手势就行了。当目光很难碰到一起时,也最好只用稍大一点声音。

（8）用餐时吸烟

等用餐完毕,上冰淇淋、水果、点心时,才可以吸烟。

（9）把行李带入高级餐厅

行李可以带入快餐部、酒吧间、自助餐厅。在比较高级的餐馆、饭店餐厅里,都设有行李物品存放处,应把东西存放后再进餐厅。妇女用的小手提包,绝对不可以放在桌子上,因为桌子也是餐具的一部分。小手提包一般放在椅子靠背和自己背部之间的空隙处,但要注意小偷;也可以把小手提包放在大腿上,把餐巾斜铺在上边,把餐巾的两个角压在大腿外侧下边也可以。

第四章 动作篇

第 12 种肢体语言：站

在我们成长过程中，长辈们总是耳提面命地提醒我们要"坐有坐相，站有站相"。尽管如此，大多数人的站相都是千姿百态的。而通过人们在无意间的站姿，我们也可以一窥其中的心理奥秘。

1.思考型站姿

思考型站姿是指双脚自然站立，双手插在裤兜里，时不时取出来又插进去的一种姿势。专家经过观察发现，习惯于以这种姿势站立的人，一般都比较小心谨慎，凡事喜欢三思而后行。如果想让他们去做一件事情，那么必须先将每个步骤所涉及的事情列好单子给他们，而且要清清楚楚，否则他们很难下定决心去做。而且，这种人一般会缺乏主动性和灵活性，在遇事的时候会采取比较直接生硬的手法，往往容易后悔。这不能不说是其悲哀。

图 55 思考型站姿

他们的姿势给人的感觉是好像总有很多事情等着他们去做。其实是因为他们经常觉得不知如何是好。这种人的伟大之处是他们把爱情看得异常神圣,从不轻易玷污,以致在西方人的眼中,总是认为不可理喻,或许,这种人只应该出生在东方。他们既不轻易喜欢上一个人,也不会轻易向人表达他们对爱情的忠贞。

他们常把自己关在一个小屋子里,冥思苦想,构筑自己梦想的殿堂。正因为如此,他们大都经受不起失败的打击,在逆境中更多的是垂头丧气。正所谓:一个人希望越大,失望也越大。

有着这种站姿的人,思考多于行动,有些属于"空想派"。

2.服从型站姿

有的人在站立时,两脚并拢或自然站立,双手背在身后。专家将这种站姿称之为服从型站姿。专家称,习惯于这种站姿的人与别人相处一般都比较融洽,可能很大的原因是由于他们很少拒绝别人,这使得他们在人群中比较受欢迎。他们在工作中很少有什么开拓和创新的精神,甚至有的时候是机械地完成上级给出的任务。这种人一般都觉得很快乐,他们的快乐源自于他们对生活的满足,他们总是希望平静地生活,不愿意与人过多地争斗。但是这种不愿与人争斗的个性既是他们美好心情的赋予者,也是他们愤怒的携带者,因为一旦生活不遂人愿,他们也只是抱着逃避的态度,而一味地逃避争斗只会使事情变得更糟糕。

3.攻击型站姿

将双手交叉抱于胸前,两脚平行站立的时候,给人的感觉会极具攻击性。专家指出,这种人具有很强的叛逆性,常常会忽略别人的存在,具有强烈的挑战和攻击意识。

在工作中,他们不会因为传统的束缚而放不开手脚,即使偶尔被缚,他们也会用牙齿咬断这根绳索;如果嘴也被封住,他们会不断地用鼻孔出粗气,显示他们的存在。这种人的创造能力也比其他类型的人发挥得更淋漓尽致,并不是因为他们比别人聪明,而是他们比别人更敢于表现自己。专家指出,与这种人进行合作时,给他们最大的自由发挥空间,可使双方得到最大的成果。

图 56 攻击型站姿

4.古怪型站姿

将双脚自然站立,偶尔抖动一下双腿,双手十指相扣在胸前,大拇指相互来回搓动的站立姿势总是给人一种怪怪的感觉。因此,专家将这种站姿称之为古怪型站姿。专家称,会这样站立的人通常表现欲望十分强烈,喜欢在公共场合大出风头。若什么地方要举行游行示威,走在最前面的,扛着大旗的大多是这种人。他们争强好胜,容不下别人。

5.抑郁型站姿

站立时,习惯于将两脚交叉并拢,一手托着下巴,另一只手托着这只手臂肘关节的人,给人的感觉有点抑郁。因此,专家将这种站姿称之为抑郁型站姿。这种人多数为工作狂,他们对自己的事业很有自信,工作起来十分投入。废寝忘食对他们来说是家常便饭，自己的另一半更是经常被冷落在家，幸亏他们的伴侣多是理解型的。

这种人更为引人注目的是他们的多愁善感，从他们丰富的面部表情就可以显示，他们是那么喜怒无常，甚至，在他们的言行中也表露无遗。刚才还在与你喜笑颜开，夸夸其谈，突然脸色沉了下来，一句话也不说，最多在你们的谈话中苦笑一下，显得很深沉的样子，谁也不知道到底是什么原因。但是尽管这样，他们仍然能够得到很多朋友的喜爱，因为就算他们有些喜怒无常，但他们拥有着一颗善良的心，对这个世界充满爱心。

6.社会型站姿

在众多的站姿里面，有一种站姿的人非常受欢迎，专家将这种站姿称之为社会型站姿，其具体为：双脚自然站立，左脚在前，左手习惯于放处理得很协调，他们从来不给别人出什么难题，为人敦厚笃实。如果让

图 57　社会型站姿在裤兜里。专家称，这种人的人际关系

这类人去与客户建立关系,他们时常是先站在客户的立场替客户着想,帮助他们分析利弊。这在人情味重的东方国度里,往往会收到神奇的效果。另外,这种人平常喜欢安静的环境,闲暇的时候喜欢找一两个知己叙旧或者摆弄一下棋盘,所以给人的第一印象总是文质彬彬,不过一旦碰上比较让人愤怒的事,他们也会暴跳如雷。

7.其他站姿

(1)挺胸收腹、双目平视:这种人往往有充分的自信,要不就是十分注意个人形象,或此时心情十分乐观愉快。

(2)含胸、背部微驼:很多女孩子在青春期发育时对身体的变化没有树立健康积极的认识,容易表现出这种站相。这样的人往往缺乏自信,如若是女孩子,则是很单纯的类型,需要加强保护或积极引导。

(3)两手叉腰而立:这是具有自信心和心理上优势的表示。如果加上双脚分开比肩宽,整个躯体显得膨胀,往往存在着潜在的进攻性。若再加上脚尖拍打地面的动作,则暗示着领导力和权威。

(4)双腿叉开:双腿叉开的动作暗示了一种支配的意味。这是一个典型的男人站姿,更使得这个站姿显得颇有男子气概。在你的领导或上级的身上,你肯定会经常能看见这一姿势,这种姿势会让领导们表现得非常自信,甚至让下属感觉到有一种盛气凌人的气势。当然,在警察身上也能见到这种姿势,他们通过摆出叉开双腿的动作来表示自己的威严和控制力。

(5)稍息:稍息的姿势大家都非常熟悉了,比较专业的解释是:当一个人把身体的重心放在一侧的臀部和腿上,这样就能让另一只脚伸向前方,我们称这种站立的姿势为稍息。

在多年的工作实践中,专家认为,从稍息的姿势可以看出许多的信息,尤其是最有利于判断一个人的打算,甚至可以推测出他即将要作出的决定。因为稍息的姿势看起来与一个人正要准备迈步的样子相似,而往往人们伸出的脚尖所指向的方向就是他心里想要去的地方。比如说如果同很多人在一起交谈,众人摆出稍息姿势时伸出的那只脚,总是会朝向最有吸引力的那个人;如果一个人想要离开,伸出的那只脚就会朝向他即将要去的方向。

(6)单腿直立,另一腿或弯曲或交叉或斜置于一侧:表达一种保留态度或轻微拒绝的意思,也可能是感到拘束和缺乏信心的表示。

(7)将双手插入口袋:不表露心思、暗中策划的表现;若同时弯腰弓背,可能说明事业或生活中出现了不顺心的事。

(8)喜欢倚靠站立,不是靠墙,就是靠着人:这类人好的方面是比较坦白,容易接纳别人。不好的方面就是缺乏独立性,总喜欢走捷径。

(9)遮羞式站立:手有意无意遮住裆部,一般是男性采取的动作。遮住要害部位,是一个防御性动作,说明心里忐忑不安,准备遭受批评和不赞同。

(10)双脚成内八字状:多为女性的站姿,有软化态度的意味。许多女性在担心自己显得支配欲和好胜心太强时,往往采取这种站姿。

(11)双脚并拢,双手交叉站立:并拢的双脚表示谨小慎微、追求完美。这种人看起来缺乏进取心,但往往韧性很强,是属于平静而顽强的人。

8.儿童站姿

站姿也能极大反映出一个孩子的性格特点。每个人都有自己习惯的站立姿势,不同的"站姿"可以显示出一个人的性格特征,孩子也是如此。孩子的每次军训,站军姿都是雷打不动的经典项目,目的就是训练孩子的站姿,以此来培养他们军人般的性格。

美国教育心理学家格里芬经过统计和分析发现了以下规律:站立时习惯把双手插入裤袋的孩子少年老成,不轻易向人表露内心的情绪;性格偏于保守、内向;凡事步步为营;警觉性极高,不肯轻信别人。

站立时常把双手置于臀部的孩子自主心强,处事认真而绝不轻率,具有驾驭一切的野心。他们最大的缺点是主观,性格表现固执、顽固。

站立时将双手握住置于背后的孩子性格特点是守规矩并且习惯于按规矩办事,尊重权威,极富责任感,适合当班级或年级领袖。不过有时情绪不稳定,往往让人摸不透;最大的优点是富于耐性,而且能够接受新思想和新观点。

站立时习惯把一只手插入裤袋,另一只手放在身旁的孩子是典型的"90后"男孩,性格复杂多变,有时会极易与人相处,推心置腹,有时则冷若冰霜,对人处处提防,为自己筑起一道防护网。

站立时双脚合并,双手垂置身旁的孩子性格特点是诚实可靠,循规蹈矩而且生性坚毅,不会向任何困难屈服低头。

站立时不能静立,不断改变站立姿态的孩子性格急躁,身心经常处于紧张的状态,而且不断改变自己的思想观念。在生活方面喜欢接受新的挑战,是一个典型的行动主义者。

第 13 种肢体语言:坐

坐相,可以让人们判断其秉性及城府,由于现代社交礼仪特别重视,坐相已成为一种礼仪。在某些场所有不适宜的坐相,很容易被人误会而引起反感。理所当然,我们通过观察和分析别人的坐相也可以了解别人的性格与心理状态。

1.各种类型坐相

(1)自信型

这种人左腿交叠在右腿上,双手交叉放在腿根两侧。

大多数的这种人有较强的自信心,他们非常坚信自己对某件事的看法。他们的天资往往很好,总是能想尽一切办法并尽最大努力去实现自己的理想。这种人有些很有才气,而且协调能力也很强,总是充当着领导的角色。不过这种人也有一个不好的习性,那就是喜欢见异思迁,"这山望着那山高"。

(2)温顺型

这种人两腿和两脚紧紧地并拢,两手放于两膝盖上,端端正正。

图58 温顺型坐姿

这种人差不多都有些性格内向,为人也比较谦逊,但对于自己的情感世界却很封闭。这种坐姿的人多数时候喜欢替别人着想,他们的很多朋友往往对此总是感动不已。在工作上,这种人踏实认真,埋头为实现自己的梦想而努力。他们坚信"一分耕耘一分收获",因此他们也极端厌恶那种只知道夸夸其谈的人。

(3)古板型

这种人两腿及两脚跟并拢靠在一起,十指相叉放于下腹部上。

这种人有些时候为人古板,从不愿接受别人的意见。他们又常常因为工作压力大明显缺乏耐心,时常显得极度厌烦,甚至反感。这种人凡事都想做得尽善尽美,但有些事却又是一些可望而不可即的事情。他们爱夸夸其谈,一旦遇到挫折就退却,缺少求实的精神。

　　(4)羞怯型

　　这种人两膝盖并在一起,小腿随着脚跟分开成一个"八"字样,两手掌相对,放于两膝盖中间。

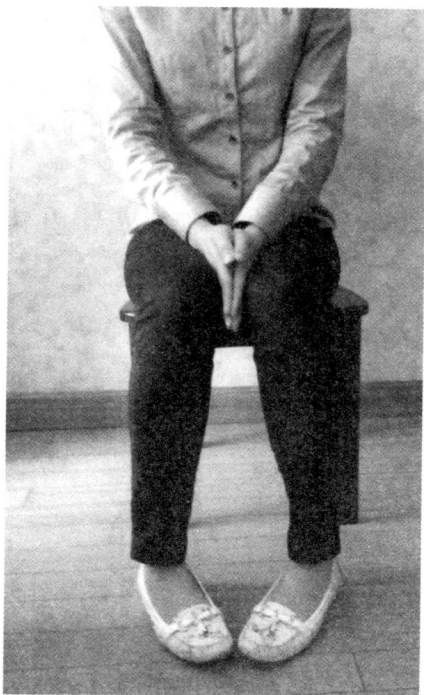

图 59　羞怯型坐姿

　　这种人比较保守,他们的观点一般不会有太大的变化。在工作中他们习惯于用过去成功的经验做依据。在会议上,他们是人云亦云,基本上没有成熟的观点。大多数这种人特别害羞,多说一两句话都会脸红,他们最害怕的就是出入公众社交场合。这类人感情非常细腻,但并不算太温柔。不过他们对朋友的感情是相当真诚的,基本上总是有求必应。一般来说,这种类型的人中女性多于男性。

(5)坚毅型

这种人大腿分开,两脚跟并拢,两手习惯于放在肚脐部位。

这种人多为男人,因此,很有男子汉气概,有勇气,办事果断。他们一旦考虑了某件事情,就会立即去付诸行动。他们属于挑战类型的人,敢于不断追求新生事物,也敢于承担社会责任。这类人当领导的权威来源于他们的气魄,但他们并不是处理人际关系的"老手"。

(6)开放型

这种人两腿分开的距离较宽,两手没有固定搁放处,这是一种开放的姿势。

有不少这种人喜欢追求新奇,偶尔成为引导都市消费潮流的"先驱"。他们对于普通人做的事不会满足,总是想做一些其他人不能做的事,或许不如说他们喜欢标新立异更为确切。这种人平常总是笑容可掬,最喜欢和人接触,他们的人缘颇佳。不过这类人的轻浮有时会给家庭和个人带来许多烦恼。

(7)冷漠型

这种人右腿交叠在左腿上,两小腿靠拢,双手交叉放在腿上。

这种人一看就觉得非常和蔼可亲,很容易让人接近,但事实却恰好相反,他们不仅个性冷漠,而且有时候,甚至对亲人、对朋友也工于各种心计。这种人做事总是三心二意,并且还经常向人宣传他们的"一心二用"理论。

(8)悠闲型

这种人半躺而坐,双手抱于脑后。

这类人多半性格随和,与任何人都相处得来,也善于控制自己的情绪,因此能得到大家的信赖。他们的适应能力很强,对生活也充满朝气,对于任何职业好像都能得心应手,加之他们的毅力也都不弱,往往都能达到某种程度的成功。这种人喜欢学习但不是很求甚解。这种人的另一个特点是天生个性热情,挥金如土。在日常交往中,这种人既不防人,也不伤人,而且有些大大咧咧,所以很容易成为众人的朋友。

2.不同的坐相

(1)坐定后,立刻交叉手臂的人

这种人往往有些傲慢自负而看不起别人,有些人甚至趋炎附势,对于上司逢迎阿谀,爱用自己的长处挑剔别人的短处。如是女性,虽然少见,但却是能言善道,甚至于有说谎之倾向。

一般来说,交抱着双手,很能表现男性的自高自大,但是也暗示着拒绝、排斥和抗议等含义。

(2)坐定后,将一手放在另一手的臂弯曲处者

这种人多有些自视清高,孤芳自赏,不太容易从心里佩服别人,他们有时爱慕虚荣,注意衣饰打扮,还能注意检点自我言行,但不善理财。

(3)坐定后,将一手放在另一手的手腕上的人

这种人小心拘谨,内向矜持,是一种典型的女性化的坐姿。如是女性,则文静温顺;如是男性则可能有洁癖而性格怯懦。

(4)深深坐靠入椅背,神态猥琐疲顿者

这种人意志薄弱,身体状态不佳,职业也不安定。

(5)坐定后,不住抖动摇晃双腿的人

这可能是一种焦躁不安的潜意识动作,其实是一种思想不成熟、情绪不稳定的暗示。表示这种人阅历浅薄,缺乏人生目标及生活原则,孤独寂寞而容易受人影响利用。

(6)双腿紧紧合并而坐的人

这是一种女性化的坐姿,如果椅子低于双膝的高度时,双腿则并拢而稍微倾斜,我们称之为"模特儿坐姿",能给人一种优美的好感。

（7）稍微分腿而坐，将手放在双膝上的人

这种人性格稳定沉着，循规蹈矩，奉公守法，凡事有规律有秩序，能在稳定状态下成功发展而有成就。

这是一种晚辈与长辈同坐的礼貌坐姿。如果平辈同坐也如此拘谨者，如非保守拘谨之人，那么就表示他做错了事，或有求于你。

如是女性，大多出身寒微，教育程度较低但却能力争上游之人，稍加调整，便可重用。

（8）坐时膝盖大张开的人

这种人的性格往往是自负任性，自私自利，不知体恤别人。若是女性甚至有男性化及争强斗胜之倾向。

如果是男性，则属于粗犷而有性格，或是从小受教育不够。

如果只是忘记了场合或忽然疲倦地把双膝向外大大地伸直分开者，表示其目前承受生活、心理、工作上的负荷，希望能够改变目前的状况。

（9）坐时膝盖适当分开，把双手撑在膝盖内侧的男人

这种人精神专注，体力充沛，颇具攻击性，但平时则能抑制个人的言行，克制着放荡与暴露的欲望。可以说是幻想力丰富，极具有占有欲望与侵略野心的男人典型坐相，容易引起女性的厌恶。

（10）坐不安稳，时常变换坐姿的人

有许多这种人缺乏理智信念，意志不坚，喜新好奇，特别容易被异性所诱惑。

（11）坐时夸张性的挺直，而使身体向后弯的人

这种人为人世故而圆滑，喜欢说大话与自我表现。因为这种姿势很难保持长久，只是故作姿态的装成重视你说话的样子。其实心中却不耐烦你的唠叨，没有把你的话听进耳中，甚至急切地想要结束谈话。

（12）侧坐或靠着扶手坐的人

这种人可能多心机，故意表现得亲近于你，而内心正在提防着你；也

可能是什么都没想，什么都不在意，他可能只是欣赏你，而不在乎你说什么。

（13）坐时喜欢盘手交于前胸的人

这种人外柔内刚，小心谨慎，固执己见而不愿与别人争辩。另一种可能就是离他预期目标相差甚远，坐在那里独自思索。不过他们中有些人脑子很慢。

（14）坐时一手托肘，一手抚摸脸颊的人

这种人正遭遇事业或情感上的小问题，事事不能如意，却又充满着幻想。他找你讲话只是希望你给他建议，而他却早有主见，不一定听从你的建议。

（15）坐下来就跷起二郎腿的人

这种人率直任性，为人开朗乐观或是不拘小节，因此从未注意改善这种不礼貌的动作。

①右脚盘置左脚上者，缺乏目标。

②左脚盘置右脚上者，个性积极，不断追求新奇的事物与目标。

③与人并坐，跷脚并且脚底朝向并坐的人，把同坐的人当成弟妹或晚辈，自负任性。

④与人并坐，跷脚且脚底背向并坐的人，有排斥拒绝的潜意识，彼此讲话不方便而且难以沟通。

另一方面，像③、④这种类型的人，从小接受的正规教育较少，礼仪教育更少，多属于"不太有教养"的人。

（16）坐着玩弄头发的人

这种类型的人常识丰富，为人性急，喜欢浮夸吹牛，容易因好色而破财。若是女性，坐下后眼神还飘移不定，可基本断定她没有太高的学历，也不具备较深的城府。可能有一两门较精湛的技艺，但也有一张多事的"嘴"。

（17）坐下来,眼睛看着膝盖或脚趾的人

这种人大多出身贫苦,盲目自卑,往往自寻苦恼而多遭挫折失败。出身贫苦原本并不是错,只要努力奋斗就会改观。问题就在于他们不是把贫穷作为改变的动力,而是逆来顺受地予以承认,既让人觉得可怜,又招人怨。

（18）坐时摆弄手指的人

大多发生于商议事情,或在谈论有关男女亲事或感情的时候,表示心中有所不决或困惑。

（19）坐下来就立刻猛吸烟的人

这种人情绪不安,为人轻率易怒,希望借着吸烟来缓和稳定情绪上的烦躁,此时,他不知是受了什么气,或是被谁误解了,反正心里就是不服。如果你此时和他说话,千万以好言相劝,否则定遭至"暴风骤雨"。

（20）在几张相并的椅子坐下来时喜坐在两张椅子之间的人

这种人随和而缺乏主观意识,不喜欢得罪别人,使人感觉缺乏个性。

（21）刚坐下来,两耳就红起来的女性

暗示她自己想到感情或男女关系而难为情,如果又见含情脉脉地低头,偶尔才拿眼睛看你又移开视线,抚摸着椅子的扶手,或玩弄手绢等手上的事物,或不时摸弄头发者,更可以确定她对你产生了爱情,只是爱在心里口难开而已。

（22）坐定下来,不忘衣领及袖子等衣饰整齐的人

这种人聪明有余,魅力不足,自负而有敏锐的观察力,有些神经质及刚愎自用,很爱体面及在意别人的批评,是个荣誉感强烈的人。

（23）坐时双手托腮的人

这种人既率直不虚伪,胸无城府,又非常容易相信别人,往往被人左右或利用。女性有此相,暗示温顺而依赖心重,往往为了家庭生活而要一生忙碌工作。

（24）坐下来打哈欠，或无意中抚摸眼皮的人

多数是对谈话内容已无兴趣，或者即便对于谈话内容有所感触，却往往联想到物质享受与生活改善。

（25）坐着发慌，时常转头打量周围的人

这种人意志薄弱，心情不沉稳，做错了事会找来一大堆理由推诿，难以担当责任。

（26）喜欢利用坐着时间来闭目养神的人

这种人主观意识强烈，独立性强，是非分明，喜欢亲自处理事务。同时，这种类型的人从心里就不太相信别人。如果想和他们交往，就必须让他十分佩服你，否则很难找到共同的话题。

（27）坐定时，看着天花板的人

这种人正遭遇着心余力绌的烦恼，虽然想要付之于实行，但是局限于事实与客观条件有所困难，正为不能解决困难而烦恼。

（28）靠着椅背坐着，将双手枕在头后的人

这种人自私任性，并且具强烈的支配欲，大多见于经理级以上的企业主管身上。

（29）在火车、餐厅、电影院或参加宴会等场所，喜欢悄悄坐在角落的人

这种人多数都有些性格孤寂，缺乏自信，非常在乎别人的眼光及批评，往往有些郁郁寡欢，甚至有些神经质或有精神闭锁症。但是也有些人，属于那种防范心理较强，不喜张扬的那种类型。总之他们从小就属于那种上课都怕老师提问的那种人。

（30）浅坐如仪的人

这种人一看就知道生性淡泊，与人无争，或者是服从上级。

一般说来，一个人要坐下来之时，总会在潜意识中想到能够立刻站起立起来的姿势。心理学称此为"觉醒水准"高的状态。随着这个水准的逐渐下降，腰部就会逐渐地放松，在这种状态之下是不可能立刻站立

起来的。不能立刻从坐姿站立起来的状态,也可以解释为:比对方处于更有利地位的表现。

相同的道理,始终浅浅地坐在椅子上面的人,由于"觉醒水准"较高,精神始终处于紧张状态,无形中也表示心理方面居于接受或服从。

(31)双腿紧闭而坐的人

这种人行为拘谨,也表示谦恭、友好地聆听对方讲话。

(32)双膝分开较远而坐的人

个性开朗,粗线条作风的人。

(33)坐时双手交错的人

为人和蔼,处处能为别人设想。

第14种肢体语言:行

我们每个人走路都会有自己的特点,这或许我们平常都没有注意过,但这些特点确实存在。有人走路永远都是急匆匆的,而有人则永远都走不快,另外还有人走路是内八字或者是外八字。其实这些都是我们日常生活中的一些非常小的细节,但它里面却蕴含着奥妙,从某个方面讲,它可以看出一个人的性格。下面我们就从大家的走路姿势出发,看看自己究竟属于哪种性格。

1.走路的不同类型

(1)步伐平稳型:这种人注重现实,精明而稳健,不好高骛远,凡事三思而行。不轻信人言,重信义诺言,是一个可以信赖的人。

(2)步伐急促型:不论是否有急事,都步履匆匆。这类人很明快而有效率,遇事不会推卸责任,精力充沛,喜爱面对各种挑战。

(3)上身微倾型:走路时上身向前微倾的人,个性平和内向,谦虚而含蓄,不会花言巧语;与人相处时,表面上沉默冷漠,但却极重情义,一旦成为知己,至死不渝。

（4）昂首阔步型：这类人往往以自我为中心，凡事靠自己。对人际交往比较淡漠，但思维敏捷，做事有条有理，富有组织能力。始终保持自己的完美形象。

（5）款款摇曳型：这类人多为女性，她们腰肢柔软，摇曳生姿，但是千万不要认为她们是放荡成性。因为她们中多数为人坦诚热情，心地善良，容易相处，在社交场合永远是中心人物，颇受欢迎。

（6）步履整齐双手规则摆动型：这类人似军人一般，意志力很强，具有高度组织力，但偏于武断独裁，对生命及信念固执专注，不易为人所动，而且不惜任何代价去达到自己目标与理想。

（7）八字型：双足向内或向外勾，形成八字状，走起路来用力而急躁，但是上半身却不左右摇摆。这种人不喜欢交际，头脑聪明，做起事来总是不动声色。但有的有守旧和虚伪的倾向。

（8）随便型：步伐随便，没有什么固定的规律，有时双手插进裤袋里，双肩紧缩，有时双手伸开，挺起胸膛。这种人大方、不拘小节，慷慨有义气，有创立事业的雄心。但有时会夸大、争执、不肯让人。

2.不同的走路方式与性格

（1）走路时用大踏步方式前进的人，其身体非常健康而且心地善良，这种人十分好胜而顽固。

（2）走路姿态非常柔弱的人，精神也十分衰弱，即使他的体格很健壮。当他一遇到精神上的打击，就会立刻崩溃。

（3）拖着鞋子走路的人，抑或说是鞋跟磨损较严重的人，缺乏积极性，不喜欢变化，此外也无特殊才能，在命运方面容易受阻。

（4）以小快步伐行走的人性情急躁，或是由于腿的原因所致。不过，走得快的话，心情自然较为急迫。

（5）与小快步相反，爱迈大步且顺着一条直线悠哉步行的人，如果是女人这样走路，那么她的独立性很强，而且不太顾家。

（6）行走时步伐零乱的人，其神经不太健全，通常会背叛其亲朋，或遭到破产的命运。

（7）一边走路一边回头看的人，其猜忌心与嫉妒心特别强烈。

（8）步行时上身很小摆动的人，为长寿之相。同时，这种人也较具有蓄财之心。

（9）走路时将身体往前弓的人，在其往后的命运中，运势不会太好。

（10）走路时把右肩抬起来的人，是权威主义者。古代时的官吏或教师大多属于此类。

3.从走路方式看儿童性格

行走动作可以反映一个孩子的内心世界，同时，也会对孩子的未来命运起到一定的影响。教育学家一再表示，那些已经成功的人，大多大踏步走路，眼睛目视前方，坚定有力。如果父母希望自己的孩子未来也能走向成功，那就应该先从培养孩子正确的走路姿势做起。

大踏步走路身体非常健康，心地善良，这种孩子十分好胜。

走路姿态非常柔弱的孩子精神十分衰弱，当孩子一遇到精神上的打击，就可能会崩溃。

拖着鞋子走路的这种孩子缺乏积极性，不喜欢变化，此外亦无特殊才能，在命运方面容易受阻。

以小快步伐行走的孩子性情急躁，心情较为急迫。

爱迈大步的孩子独立性很强。

行进时步伐零乱的孩子其神经不太健全，做事也爱分心，抓不到重点

一面走路一面回头看的孩子其猜忌心与嫉妒心特别强烈。

有古语说"以行观人"，这是有一定道理的。男孩子通常会选择走在右边。这是由于男性天生支配欲望决定的。一般情况下，在右边行走，代表掌握主动权，他们会产生"我要去哪里，妈妈就会跟我去哪里""去哪

儿他们都得听我的"之类的想法,具有绝对的权威,尽管有时是母子或父子关系。反之,走在左边的,是被动型的孩子,没有自己的主见,表示为无条件地服从,愿意听从别人的安排。这样的孩子可能一直与世无争,经常委曲求全,很难形成属于自己的个性,父母要注意到这一点。

喜欢走在前面的孩子充满自信,不怕为人领路,有一点"唯我独尊"的感觉。这类孩子的团队概念往往不强,幻想凭一己之力达到目标。喜欢走在后面的孩子性格内向,行事低调,有点"不合群",会慢慢发展成做任何事都报以畏首畏尾的谦卑态度。

第 15 种肢体语言:卧

睡眠过程中的肢体语言睡姿,是受意识控制极少的下意识动作,所以它所传达的信息很少具有欺骗性,能真实反映人的心理状态。

睡眠姿势与人格类型

英国睡眠评估和咨询服务机构主任克里斯依济科夫斯基通过问卷调查,概括出 6 种睡眠姿势,发现每一种姿势对应着一种人格类型。同时,睡姿也能折射出此人这段时间的心境、情绪、心理防御等。

1.胎儿型睡姿

这种蜷缩成母体内胎儿姿势的人,外刚内柔,坚强的外表下有一颗敏感的心。他们第一次见到别人的时候可能会害羞,但很快能放松。拱起的背部构成强有力的自我保护,当人正遭受痛苦挫折时,这种睡姿最能让人体验到安全感。

2.树干型睡姿

身体偏向一侧,双臂向下伸展,顺贴在身上。他们大多性格开朗,爱与人交往,很多情况下显现出领导才能和号召力。不过他们容易轻信他人,过于天真。这种睡姿是悠闲自得的心境的体现,对近段时间的生活工作或学习状态比较满意。

3.思念型睡姿

身体偏向一侧,双手向外伸展,与身体形成直角。他们喜欢与人交往,性格外向,易融入集体。不过采用这种睡姿的人较多疑,有时甚至有点偏激和愤世嫉俗,很难接受不同意见。思念型睡姿是冷战或逃避问题的一种折射。

4.士兵式睡姿

完全仰面平躺,双手紧贴身体两侧。喜欢这样睡觉的人一般性格内向,比较保守,会一丝不苟地遵守严格的标准,久而久之会不自觉地严格要求别人。

5.海星型睡姿

身体平躺,双臂稍稍上举抱枕。这类人乐于助人,是非常好的倾听者,对人慷慨,朋友很多,但不喜欢成为焦点。

6.自由落体型睡姿

俯卧在床上,双手抱枕,脸偏向一侧。这类人易紧张,一般比较好动,常因缺乏预见性而行事鲁莽,他们对别人的批评一般不能虚心接受。

小知识:四种不同的握手

握手礼节的来源会更有趣一些。最初的握手并不是出于礼貌,而是为了证明彼此双方都没有手持武器,可以放心地来讲一些事情,不用担心出现武力斗争而危及身体。

根据我的分析,这种礼节不太可能出现在中国漫长的封建社会中,因为封建社会有两大特征:一是等级森严明确,需要使用礼节的双方基本上都存在高下之分,少有武力斗争的可能性,而需要动武的双方则是统治者与反抗者这样的对立关系,不太需要使用礼节;二是礼仪纷繁复杂,教育正规且深入人心,要表示下级对上级的绝对服从和敬畏,不太可能用简单的一个动作来表示心意,即使是同级(阶层)之间,也会客套地使用作揖这样的大礼节（头、脊柱、手一起动作）来表示彼此之间的和睦关系。因此，握手礼更可能出现在不具备如此复杂社会阶层关系的古代西方社会。

在现实生活中，握手是一件很微妙的事情，尤其是不熟悉的人，在彼此之间的第一次握手时，可以得到一些额外的信息。

1.纯粹礼节性的握手

礼节性的握手中规中矩，一般是在双方第一次见面，而且之前彼此都不太了解对方的时候出现。这种握手最大的特征是时间短，力度小，一触即散。如果是异性之间，则可能不会全部手掌相握，只用手指进行浅尝辄止的接触，尤其是女性主动或占据优势的时候。这样的握手，表示双方暂时保持绝对的独立，需要进一步接触才能加深关系。

2.平等趋近的握手

如果双方已经彼此比较了解（哪怕没见过面），而且相互认同甚至惺惺相惜的话，握手时则会全手掌相握，同时适当用力，上下摇晃，但时间不会很长。当你感受到对方给你的回馈（力度、幅度、时间等）是等同的，则说明对方也期待着和你有进一步的交流，希望彼此之间的关系再进一步。

3.有地位差异的握手

如果握手的双方之间存在优势差异，比如职务、职位、财力等方面，那么一般会出现明显的行为不对称。比如领导接见下级，或者在商务合作中的祈求和授予关系，身处强势一方的人握手时都会让对方感觉到平淡，既不会太用力，时间也不会很长，晃动的幅度也不会很大。反之，身处弱势的一方，则会倾向于比较用力（当然还在适当范围内），让强势方先松手（以表示趋近和尊重），但握手的幅度会听凭对方掌控。如果双方之间身份差异或者势力差异比较大，弱势的一方还可能不由自主地把另一只手也添加上来，用双手捧握或扶住手臂。

这些特征,可以用于判断对方在面对你的时候,其内心的自我定位,为你下一步的决策提供支持。

4.施压的握手

握手的人也可以通过这个短暂的礼节来进行较量。希望告知对方自己是很强势的一方,通常会很用力握手(显示力量),同时在晃动的时候,做下压动作(显示地位)。如果你遇到了这样的握手,则说明对方内心深处想要置你于较低的位置。这种握手的动作不一定是有意为之,当对方心存敌意的时候,可能会不由自主地作出这样的反应。

第三部分

小细节看性格

第五章　我可以更了解你

细节动作透露的重要信息

我们在与别人交际沟通的时候,不光从上面这些生活习惯可以看出一个人的性格特征,在一些平常的生活细节和小动作上也透露出许多重要的信息。那么,最后我们就来看看这些生活中的小细节吧。

1.端茶

即使你没看过茶道表演,也没去茶馆喝过茶,那么你一定见过茶话会吧? 那是一个很宽松的环境。人们端起茶杯边喝边谈,这时,你如果向四下望望人们拿杯的姿势,你会发现什么呢? 即使是拿杯子这种简单的小动作,也有细微的差异,端杯喝茶的姿势多种多样,透过端杯的姿势,可以看出人们的各种心态和个性。

端茶杯时像在随便抓东西的人非常活泼,是个八面玲珑的人。但是,有时不免流于"轻浮"。

端茶杯时用小指、拇指来支撑杯子的人……是具有艺术家气质的幻想家。不过,常因我行我素,天马行空,不理会周围的意见而受到别人的猜疑。

端茶杯时紧握住杯耳的人,自我主张比较强,喜欢引人注目,是个我行我素的人。

端茶杯时小指翘起的人是个很优雅且以自我为中心的人,比较神经质,是个过分注意小节、对周围朋友很吝啬的人。

图 60 翘起小指端茶杯

容易兴奋的女性总爱把杯子放在手掌上,边喝边滔滔不绝地说话,反映出她们活泼好动的特点。

追求地位的女性喜欢握住茶杯,将食指往前伸出。

为琐事繁忙的女性喜欢玩弄各种杯子。

豪爽型男性喜欢紧紧抓住茶杯,拇指会按住杯口。

有主见的男性会把杯子紧握掌中,拇指用力顶住杯子的边缘。

沉思型的男性常常用两只手抓住茶杯。

善于伪装的男性总是用手捂住杯口,就好像他们可以用同样办法,巧妙掩盖自己的情感似的。这种类型的人城府极深,善于伪装自己,从不轻易在他人面前暴露自己。

沉思型的女性常用一只手紧紧握着杯子,而另一只手则漫无目的地划着杯沿。

喜欢倾听别人谈话的女性往往紧握杯子,甚至把杯子放在大腿上,以便集中精力听人谈话。

2.端酒杯

我们都去过许多酒宴场所,你留心注意过人们手持酒杯的姿势和动作吗？

通过细心观察,你会发现许多有趣的现象,这些现象都与端酒杯的手势有关。

持酒杯上方喝酒的人,不拘小节、乐天大方。他们一般嗓门很大,喜欢边喝酒边谈天。现在的他可谓正处于春风得意之时。

手持酒杯中央的人待人大方,很具有亲和力,属于安全型人物。他们待人亲切,轻易不会拒绝他人的请求,是个好好先生。有时心里虽不乐意,但表面上仍会保持微笑。

手持酒杯下方的人情绪善变,很在意小节,属于时刻活在别人眼里的那种人。由于颇介意他人的想法,因而显得有点内向。这种人大多相当神经质。一般说来,情绪就像六月的天,一有半点不高兴的事,马上就会表现在脸上和动作上,常会给周围的人带来不快。

一边喝酒,一边摇着杯子,还让杯里的啤酒泡沫四溢的人,不管走到何处总是不安静,总想表现一下自己。这种人虽然有多方面的兴趣和爱好,但却容易见异思迁,所以他很不喜欢在一张桌子上从头喝到结束,往往这个酒桌上敬一下酒,又到那个桌上碰一下杯。

一边拿杯子一边抽烟的人,喜欢独来独往,对工作和自己的才能是很有自信。他们在职场中春风得意,可以轻松潇洒地展示自己的实力。这种人在人际关系上却是很不顺利的,因为他们大多是独来独往的,不注重小节,会得罪一些人。

3.打电话

你住进了一个新的集体,很想与同学们建立良好的关系,但前提是必须了解他们。你可以仔细地观察他们打电话时握听筒的动作,这些观察会让你收获不少。

相对地,握在听筒的下方,这是运动员或精力充沛型的男性常见的握法。这种人的性格多半是不为一点小事而闷闷不乐,具有积极而主动采取行动的性格。几乎不会在电话中和朋友喋喋不休，是迅速而敏捷地把事情说完后即挂断电话的类型。

你的朋友也可能是用双手握住听筒的人，这是类似独生子的公子哥儿型。一旦谈起恋爱很容易受情人的影响，而连性格也整个改变。如果是男性则有点娘娘腔，很容易因鸡毛蒜皮小事而闷闷不乐。

如果女性稍微将听筒偏离耳朵，是属于自信且有点逞强而带有男性化的女性。从事空中小姐或模特儿等职业的女性常见这种动作，男性中很少有人采取这种握法。

握住听筒上方，这也几乎是女性的握法。属于歇斯底里型，动辄勃然大怒，感情的起伏或对事物的好恶非常激烈。与这种人交往，你可要多加小心了。

女性爱打电话已是一般的常识，这一点若以心理学的观点来解释，乃是与男性相比之下，女性在打电话时并不把电话当成纯粹传达事情的"道具"，而具有喜好"借此作为表达自己的心境或感情的沟通方法"的倾向。换言之，对女性而言，喋喋不休地打电话或三五成群地闲话家常，具有作为自我表现的道具的强烈色彩。相比之下，男性并不像女性渴望利用这种"谈话"的形式作为自我表现的方法，所以电话使用的时间就相对地较少。

打电话时，无论你是习惯用左手还是习惯用右手，你常常会漫不经心地把话筒换一只手拿，以便空出另一只手来拨弄扭缠着的电话线，或用手指在桌面上涂划。当与对方的谈话越来越兴奋、越来越投缘的时候，我们就可以看到这些动作越来越频繁。从旁边观察打电话的一举一动，所得到的信息或许比电话线另一端所收到的还要多。

一只手拨打电话，一只手里拿着一支笔。很多人在打电话时会信手乱画些文字、数字、线条或圆圈等等。大多数人在打电话时注意力比较集中，而心不在焉的人则经常一边通话，一边写出一些有意义的文字符号。当这些人开始信手涂画时，就表示出对通话内容已经不感兴趣了，希望这个电话尽早结束。

一只手夹着香烟，一只手拨打电话。当抽烟者正在谈论一个他颇为关切的话题时，我们很少见到他手上还拿着烟卷或烟斗，他常常把它搁在一边，过后再拿起来。在情绪激动时，他会拿起烟来弹弹烟灰。如果他恼火了，会把烟头想象成他的敌人，会用一种显出敌意的动作将烟摁灭。

一对相爱的男女，他们在通电话时通过他们的手势把他们的关系充分显露出来。如果是给女友打电话，在举动上会扶正领带，理理衣服，或拢齐头发等，好像女友就在面前。

有这样一种人，打电话时的姿势动作幅度比较大。当他与人通话时，如果听到事情顺利或自信事情将称心如意时，身体就会前俯后仰或左右摇摆，一副得意忘形之态。但是，一旦受到挫折，他的动作就会骤然改变。他会停止摇摆，握紧拳头，用力把桌上的某种东西拿起来再放下去。

还有一种人喜欢把脚搁到桌上打电话，这种人常常相当自信，自认为无往不胜。打电话时把桌子底层抽屉拉出来垫脚，表示他已经下决心要涉足某事。许多精明强干、奋发有为的人，在对某个问题表现出很大兴趣时，的确会一边打电话一边这么做。打电话时，把桌子第一个抽屉拉出来又推进去的人，在通话过程中做这种动作表示他遇到了疑难问题，而他正在思考如何解决，当他得到结论时，会站起来用力"砰"地关上抽屉，用坚定的语调说出自己的决定。

打电话的人采取坐着的姿势，当他听到对方在通话过程中的某些话语时，会从座位上站立起来。起立这也许是"电话动作"中最常见的一种。有的人常常会在打电话时站起身来，其次数可能超出我们的想象。当打电话者作出决定或感到惊愕，或对谈话内容产生厌烦时，都会情不自禁地站起来。

如果你在飞机场的电话亭或在宾馆的服务台等处,只能站着打电话的地方,只要你留心观察人们种种打电话的姿势,你就可以推测他们的态度、关系和背景,甚至可以想象出在电话另一端的那个人的模样。

打电话的人外套扣得整整齐齐,全神贯注地与对方通话,一望就知他很重视对方。他可能是下属,正在向上司汇报工作情况;也可能是个推销员,语气温和、面带微笑就像是直接与客户面晤那样彬彬有礼,他也许正在郑重其事地和一个客户谈生意。

打电话的人很轻松地站着,低着头,下巴抵在胸前,身体的重心不断从一只脚换到另一只脚上,看上去他心不在焉地一边点头一边说:"是啊,是啊!"他对谈话的内容或许感到索然无味,却又不想暴露这一点。于是,你可以断定,通话的对方可能与他相当熟悉,大概是他的妻子或是一个老朋友。

拨打电话的人,有时看着过路行人,肩膀稍稍耸起,头偏向一边一副随和的样子,他显然是在和情人通话,而紧握在手里的话筒就好像是他恋人的手一样。

4.运动习惯

你喜欢运动吗?你留意过身边朋友的运动习惯吗?

事实上,一个人的运动习惯很多时候是跟这个人的性格有关系的,下面我们就来看看运动习惯跟一个人性格有什么关系吧。

——爱跑步,这种人比较有决心和进取心,因为他们认为人生就和跑步一样,需要坚持。他们做事情也总是会有明确的目标。

——爱打网球,这种人多半比较独立,他们具有丰富的观察力,能够较好地进行自律,他们同时具有强烈的竞争心和好胜心。

——喜欢团队运动,足球、篮球等运动是他们的最爱,他们大多个性开朗,喜欢社交活动,喜欢与人交谈,具有较强的团队合作意识。

——喜欢健身操,这种人总是那么善解人意,那么有亲和力,他们一般都具有强烈的家庭责任感,并且乐意接受别人的劝告。

——喜欢瑜伽,这种人个性较为内向,喜欢沉思,向往安静与稳定的生活。

——爱好散步,他们聪明智慧,为人非常平和,从来不会乱发脾气,令人羡慕的是,他们总是那么容易与人融洽相处。

——喜欢徒步旅行,这种人非常个人主义,喜欢冒险,他们感觉敏锐,比较难以与人相处。

——爱好游泳,这种人具有强烈的自信心,他们懂得自律,却同样懂得放松自己。

——喜欢舞蹈,他们具有丰富的想象力,往往动作迅速,反应灵敏,但是更多的时候,他们的想法总是显得那么不切实际。

——喜欢打高尔夫,这种人思维开阔,从不墨守成规,他们不喜欢刻板枯燥的生活方式,但是他们却有很强的适应能力,同时判断敏锐。

——喜欢骑自行车,这种人具有崇高的理想,富于独创性,具有强烈的创业意识,他们往往喜欢独创并且逃避合作。

——喜欢骑马,追求完美主义的人,具有极好的忍耐性和敬业精神,讲究权势,喜欢宴会和交际应酬等活动。

——喜欢滑雪和危险性较高的冒险运动,对蹦极、赛车、冲浪等运动他们乐此不疲。他们喜欢刺激,个性胆大,富有冒险精神,他们甚至敢于投机、热衷赌博。

最后,我们再来看看那些什么运动都不想参与的人吧,这些人个性一般都较为倔强顽固,他们不愿遵从别人的意思,他们也不遵守规则,他们为人高傲,经常与人唱反调,与人沟通往往是他们最大的难题。

5.开易拉罐

啤酒罐的拉环朝哪个方向拉开看起来是微不足道的事情,然而每个人的开法不同,而其开法自然反映出个人的性格。与朋友聚会喝酒时,你可以抓住他开易拉罐的动作,判断一下他属于什么性格。

自左往右拉开的人是具有强烈责任感,一旦决定的事情必定贯彻始终的实干家类型。他们待人和善,显得亲切而善良,却具有冷静的内在气质,与朋友之间的交往意外地淡泊。

朝下(身前)拉开的人性格稳健、认真、平易近人,是任何人都喜欢的类型。他可以成为你可靠的朋友。

朝上(对面)拉开的人个性开朗、不拘小节,能和他人立即打成一片,和任何人都能立即做朋友,在宴会等场合是最得人缘者。

朝斜上方拉开的人是好强而不服输的激烈性格的人,是凡事不顺随己意则誓不罢休的任性类型。他们强烈地渴望成功,渴望得到认可,并会为此不懈地努力。饰演横眉竖目的"恶棍"应该最适合这种开瓶法。

朝斜下方拉开的人是具有体贴心与丰富感受性的细腻的人,能敏感地察觉对方的心情,整体而言较缺乏主动性,是懦弱的公子哥儿类型。

由右往左拉开的人是和任何性格的人都能和平相处的社交家类型,也是心地温和的人情家,属于不擅长个人独处、难耐寂寞的类型。但是这类人比较任性。

6.一些关于紧张的小动作

你怎样察觉别人是否紧张呢?常见的与紧张不安有关的姿势有如下几个:

(1)清喉咙

大家都有过这样的经历,当准备进行比较正式隆重的演讲时,喉头会突然闭紧以至发不出声音,那是由于不安或焦虑使喉头中形成黏液,阻塞了声道。为了使声音恢复正常,就必须先清喉咙。有些人因为不时地清喉咙,就被视为一种怪癖,其实只是紧张的缘故。我们可以做出这样一个结论,说话时不断清喉咙、变声调的人,表示他们非常紧张、不安或焦虑。

男人这样做要比女人多,而成人又比儿童多。小孩子或许会结结巴巴、吞吞吐吐地说"啊",或是习惯性地说"你知道",但是他们通常都不会清喉咙。成年男子若是有意清喉咙,就可能是在对别人提出一种非语言的警告。但无论是有意还是无意地清喉咙,这种姿态都可以很清楚地传达出一个人的心理状态。

(2)掐烟

当一个人在抽烟时,心情突然变得十分紧张,他就会熄掉香烟或是把它搁在烟灰缸上任其燃烧,直到紧张解除为止。

(3)说话时以手掩嘴

查尔斯·达尔文曾写道:"以手掩嘴是一种吃惊的姿势。"这种动作好像是希望能制止自己所说的话,尽管这话已说出口。

许多父母都熟悉这个姿势,当小孩被问到他们所做的事时,就常会有这种反应。小孩子在回答问话时,如果手上没有拿任何东西,他就会一边说:"啊,糟了!"一边用手捂住嘴。相反,小孩子说到他很感兴趣或很有自信的事时,会边说边指手画脚,或用擦嘴等动作来作为补充。所以,以手掩嘴的姿势,说明了说话的人对自己说出来的话毫无把握,或者是试图将它一笔抹杀。

(4)坐立不安

每一个人在当学生的时候大概都被老师说过:"你能不能好好坐着?"在感觉压力或无聊的情况下,人们在椅子上常会坐立不安,一直到觉得舒服了为止。问题不在于椅子不舒服,而是所处的环境和当时的情况令人不舒服。

(5)坐下时扯裤子

扯裤子的动作与作决定有关。一个人想作某种决定时,他会猛扯裤子,而且在椅子上也坐立不安。等下了决心之后,这个动作就会停止。

因此,我们可以以此作为测量的标准,判断出对方所作决定已到了什么程度。

从吃喝读懂对方

就餐习惯是人们在日常生活中逐渐形成的,就像生活本身是丰富多彩的一样。同样的生活内容,为什么会有不同的生活习惯呢?专家们认为,除了生活条件、生活环境等因素的影响外,就餐习惯也是与人的性格、心态等因素分不开的。因为就餐习惯绝大部分早在童年时代就已经形成。怎么吃?在哪里吃?到什么时候吃?听起来仿佛都是有意识的选择,但是这些选择其实老早就根植在你的个性中了,所以说,就餐习惯可以泄露一个人的个性。

1.由吃饭的状态判断性格

食也有食相,有诗曰:

虎食狼餐贵不同,逡巡不觉一盘空,

端详迟缓宜相应,牛嚼羊吞福自丰,

鸟啄猪餐最贱庸,相他衣禄必无终,

咽粗急者人多躁,鼠食从来饮食空。

又曰:

相食看详缓,慌忙岂合宜,

更嫌如鸟啄,又忌食淋漓,

性暴吞须急,心宽下筋迟,

问君荣贵处,牛哺福相随。

我们都不缺少和朋友一起吃饭的经历,事实上,这一司空见惯的行为,也是我们了解朋友个性的好渠道。

如果你的朋友非常勤奋,那他可能会边看书边吃饭,他是属于为了活着才吃饭的人,他吃饭只是为了维持身体的需要,如果不吃饭也仍旧可以活着,那么相信他会放弃这一件既耽误时间又浪费精力的事情。他的时间表总是安排得满满的,为了能够做更多的事情,他不得不想方设法地挤时间。

如果你的朋友喜欢站着吃饭,说明他并不是特别地讲究吃,他会尽力讲求简单、方便,既省时又省力,只要能填饱肚子就可以了。他在生活中,并没有太大的抱负和野心,很容易满足,他的性格很温和,懂得体贴别人,为人也很慷慨和大方。

如果你的朋友是喜欢边做边吃的人,说明他生活节奏是很快的,因为有许多事情要做,他显得也比较繁忙,但值得肯定的是他并不以此当作是自己的烦恼,他甚至还觉得很高兴。

如果你的朋友是边走路边吃东西的人,虽然给人的感觉是来也匆匆去也匆匆,像是时间很紧张的样子,但实际则不一定是如此,紧张很有可能是由于他自己缺少组织性和纪律性而造成的。这样的人多数易冲动,会经常意气用事,结果把事情搞到不可收拾的地步。

如果你的朋友经常有聚餐,可以推测他是属于外向型的人,而且人际关系处得也比较好。这样的人,如果不是有某一方面较突出的才能,具有一定的权力和地位,就是为人比较亲切、和蔼,或者深谙人情世故,比较圆滑和老练。

如果你的朋友喜欢一边看电视一边吃饭,那说明他比较孤独,电视或许是他们消除内心孤独的最好方式之一。

假如你的朋友只习惯于吃晚饭,多是因为他能够严格要求自己,会给自己制订一个目标,鼓励自己朝着那一方面努力,并告诉自己说达到什么样的程度可以得到什么样的奖励,以便更好地进行工作、学习或是生活。

但愿你的朋友不是整天吃东西的人。那种人多是无所事事,闲着无聊。其实他们并不饿,只是靠不断地吃东西来使自己活动起来,消除内心的烦躁和焦虑。对这样的人来说,吃东西只是借以打发时光的手段。

　　不幸的是,如果你的朋友总是要求别人给自己东西吃,那么他的依赖性一般来说是很强的,他总是不能很好地安排自己的一切,但又有些贪图享受,而且还希望这种欲望得到满足。他情愿别人永远把自己当成一个孩子一样地宠着。他的责任心并不是很强。

　　倘若你的朋友是吃饭速度比较快的人,则说明他做任何事情都重视效率,而且也追求速度,他总是希望在最短的时间内将事情做完做好。结果与过程对他们而言,前者相对的要更重要一些。

　　吃饭喜欢细嚼慢咽的人,与吃饭速度很快的人恰恰相反。他们是属于那种慢性子的人,凡事都能以缓慢而又悠然的方式来做,这从一个侧面也说明了他们是懂得享受的人。他们的缺点也很明显,那就是没有效率。

　　如果你的朋友经常在家里吃饭,在一定程度上表明他对家庭是相当重视的,具有一定的责任心。他不太热衷于被人照顾和侍候,因为这样有时反倒会让他们感觉不自在,他们更倾向于自己动手。

　　如果你的朋友吃饭时定时定量你就可以推断他是一个生活十分有规律性的人,而这些规律如果没有特别意外的事情发生,是不会轻易改变的。他的生活虽然很有规律,但并不意味着为人处世呆板教条,相反却可能很灵活。只是无论在什么时候,都具有一定的原则性。

　　如果你的朋友经常不吃早餐,一般可以分两种情况来讲:一种是生活时间表安排得太满了,忙得没有时间吃早餐,那么他有很强的事业心和责任心,能够为了更有意义的事情而放弃一些在他们看来并不是十分重要的事情;还有一种就是吃早餐的时间已经到了,可他还没有从床上爬起来,这又分两种情况,一种是前一夜工作得太晚太累了,另外一种是整天无所事事,企图在床上来耗时间。

　　如果你的朋友在外边吃饭把剩余的饭菜带回家,说明他是一个非常节俭的人,不会轻易地浪费任何东西,同时他也是缺乏安全感的人,总觉得自己在不断地受人剥削,但实际情况可能并非如此。

如果你的朋友是喜欢在餐厅里吃饭的人,则说明他是比较懒惰而又好享受的,毕竟在餐厅里有人侍候,而且不用自己动手,但这样一个前提则是在经济条件允许的情况下。这样的人不善于照顾自己,但他们希望他人能够体会到自己的这种心情,然后来关心和照顾自己。他们不太轻易地付出,往往会在他人付出以后自己才行动。

2.落座位置反映性格

专家们通过多年的研究和观察认为,吃饭虽然是人们维持自身生存的一种本能,可是一个人在吃饭这个本能行为中,种种不经意的表现却可以深层次反映一个人的心理。比如在餐厅、咖啡厅等地方,人们喜欢坐在哪个位置上,通过观察这些细节,将有助于判断一个人的个性。

(1)就餐时选择角落位置的人

这类人追求一种安定、稳妥的生活。这类人之所以把自己就餐的位置选择在角落,是因为在这个位置上,这类人能够全面看清餐厅内的情况,可以说这是最安全的位置。工作上,由于这类人习惯做一个旁观者,基本上缺乏决策的能力,以及作为一位领导应有的积极态度。因此,这类人往往不适宜做领导阶层的人物。

(2)就餐时选择靠墙的人

这是一种十分寻常的心理反应。因为背靠着墙,我们便不需要担心背后是否会有敌人偷袭,而又可以眼观六路、耳听八方。因此,就餐时选择靠墙的位置是一种能令人安心的本能反应。

(3)就餐时选择中间位置的人

这类人常常以自我为中心,而对他人的事,则显得漠不关心。比如,在和别人聊天时,这类人总是不断强迫别人听他们的话,却总是忽略别人的意见和想法。

（4）就餐时选择面向墙的人

这类人偏好靠近墙壁附近的座位，而且喜欢面向着墙壁以背对着其他客人，这表明他们在潜意识中不想和其他人有任何瓜葛的心理。同时也能显现出这类人比较孤傲。

3.点菜反映性格

点菜也可以看出一个人的性格。我们不妨细心留意周围的人，观察他们点菜时的一举一动，就可以轻易地知道一个人的个性了。现在，我们就从下面几个点菜的细节，了解一下人们的个性是如何通过点菜体现出来的。

（1）点菜时对服务员打手势的人

这类人点菜时会注意周围的环境，替别人着想。这类人不喜欢出风头，但另一方面却拥有"为所欲为"的执行力。在机会来临之前，这类人会一直蛰伏等待。

（2）点菜时大声叫服务员的人

这类人通常自我表现欲很强，点菜时对服务员大声喧嚷以表示自我的存在。对服务员用命令的口吻说话，总是摆出"我是客人"这种态度的人，会对地位与身价的上下关系斤斤计较（在不自觉的状态下），别人对自己露出（自己认为的）轻蔑态度时，会出现说脏话等过激行为。

（3）点菜时等服务员拿过来菜单的人

这类人耐性很强，是天生的乐天派，稳重自得。虽然从"怎么还没拿菜单来"的反应上多多少少看得出有急躁的一面，但却不招摇，自我主张不强烈，因此也容易累积压力。

（4）点菜时先请服务员介绍的人

这类人自尊心极强，不喜欢被人指挥。在做任何决定之前，总是非常坚持自己的主见。为人积极，做事会全力以赴，同时会顾及他人的感受。

4.喝酒习惯判断性格

(1)以喝酒场所来判断

①喜欢到高级酒吧、俱乐部或酒家喝酒的人。这种人大都因为交际应酬的关系,才选择来这些地方喝酒。这种人爱慕虚荣,为人虚伪、孤独,喜欢表现或被重视,与其说是去喝酒,不如说是寻找精神上的刺激享受。

②喜欢在快餐厅喝酒的人。这种人大多为了热闹或联谊的原因,希望能够轻松地喝酒而享受欢乐的气氛。

③喜欢在路边摊喝酒的人。这种人坦诚朴实,不会装模作样,大多只是想要以酒来消解工作一天的疲劳。

④在夜总会、舞厅等高级场所喝酒的人。这种人"醉翁之意不在酒",有的为了女人,有的是为了款待的对象,但是其虚荣的心理则与上酒家喝酒的人一样。

⑤喜欢到啤酒屋喝酒的人。这种人个性拘谨,但是希望放轻松。

(2)以酒后状态来判断

①愈醉愈唠叨醉话,甚至想找人打架的人。这种人情绪不稳定,连遭横祸,或命运多舛。

②醉后哭泣的人。这种人个性消极,心理自卑,并且时常遭受轻视,背后时常发怨言牢骚。

③越喝酒越快乐唱歌的人。这种人天生乐观,生活规律,且无不良嗜好,理智清醒,属于"酒醉心不醉"的人。

④醉后喜欢信口开河的人。这种人有些怯懦及消极,大多欲求不满,怀才不遇,所以借酒发牢骚。

⑤醉后爱笑的人。这种人性格乐观,为人随和,不拘小节,富有幽默感。

⑥愈喝酒而眼睛愈发直的人。这种人性情温和,内向消极,欲求不满,而且酒品不佳,易耍酒疯。耍酒疯的初症为骂人,摔杯盘器物,打人

打架闹事……

⑦酒醉倒头就睡的人。这种人理智而且能约束、检点自我言行,属"酒醉心头定"之类型。

⑧喜欢自斟自饮的人。这种人性格孤僻,落寞寡欢,拙于辞令及社交,为人拘谨,甚至有些怯懦消极。

（3）从喝酒种类来判断

众所周知,如今的社交场合,酒已经成为一件必不可少的"工具",很多社交活动都是在酒桌上完成的。喝酒已经成为人们沟通感情、解决问题的一种方式。但是,每个人对酒的喜好不一,有的喜欢烈性白酒,有的喜欢啤酒,有的则对洋酒情有独钟……专家认为,从一个人对酒的喜好,我们同样可以窥见他的内心世界。

①喜欢喝啤酒的人

FBI肢体语言研究所的一项调查表明,喝啤酒,表现了人们想要获得轻松愉快的心情,渴望从苦闷的环境中得到释放。与人聚会喝啤酒的男性,表明他通常表现的都是最原始、最自然的自己。如果在喝酒的过程中,他向女性劝酒,则表现了他希望对方跟自己有着同样心情的想法,希望别人跟自己有着同样的感触,而这种感触通过啤酒表现出来。当然,也可以说明他的内心渴望开始一场比较愉快的交谈。

②喜欢喝白酒的人

很多喜欢喝酒的人,总是觉得啤酒的劲儿不够,而非常喜欢烈性的白酒。这类人的性格有着刚烈的一面,但是做事容易冲动,因此,常常失败。这类人非常喜欢社交活动,而且乐善好施。但是,非常在意别人对自己的看法,有时,为了掩饰自己的不足,而会极力吹捧自己。为了在别人面前证明自己的实力,一旦受人之托,就不好拒绝。而且很多时候,都是自己力所不能及之事,即便这样,这类人也会很爽快地答应对方,典型的"打肿脸充胖子"。这样的人在职场中,由于自己非常关照下属,而深受下属的爱戴,但是很难得到领导的青睐。

③喜欢喝葡萄酒的人

在交际中,越来越多的人,选择葡萄酒代替白酒和啤酒。

喜欢喝红葡萄酒的人,通常是个现实主义者,凡事都会从实际情况出发,着眼于现在,执着于金钱和权力。如果是位男性,相对而言,他是位比较稳健、实际却缺乏浪漫情怀的实干家。

喜欢喝白葡萄酒的人,这类人通常执着于自己的理想,为了自己的理想,可以不顾一切地去追求。但这类人往往不拘小节,正是自己常常忽略小节,导致自己丧失一些机会。这类男性,对待感情比较专一,是女性朋友选择的好伴侣。因此,如果您是一位待嫁闺中的女士,交际中遇到喜欢喝白葡萄酒的男士,不妨稍加留意,适当的时候,可以暗送一下"秋波"!

④喜欢喝鸡尾酒的人

鸡尾酒有着不同的口味,喜欢略带甜味鸡尾酒的人,多半性格豪爽。通常情况下,这类人喝酒为的是一种气氛,而非为了喝酒。这类人渴望与朋友之间进行良好的交流和谈话,尤其是与女性的谈话。还有的一些人喜欢略带辣味的鸡尾酒,如果是男性,他是非常具有男子汉气概的人。这类人在工作上表现为积极进取,能够充分发挥自己的个性和优势,值得信赖,是上司的得力助手。同时,这类人具有责任感,举止得体,在工作中可以担当大任,具有领导风范。还有一类人,对甘甜味道的鸡尾酒情有独钟,这类人不太喜欢酒精的刺激,而是把喝酒当作是一种消遣,把此当作放松心情和稳定情绪的一种方式。

⑤喜欢喝威士忌的人

威士忌干辣、很男性化,一般喜欢喝这种酒的男人,有着很强的适应能力,能够充分采纳别人的意见,想出人头地的欲望很强烈,懂得抓住一切机会赢得上司的认可。事业上,这样的人多半会有一些作为。他们与女性交往时,会表现得很绅士,重视礼仪,给对方留下完美的印象。

⑥喜欢喝香槟的人

这类人性格通常比较挑剔,不满足于现状,追求华丽、高贵,给人一种很难接近的感觉,即便是作为普通朋友,跟这类人相处也要具备一定的条件和素养。另外,这类人对异性的要求也会很高。

(4)从喝酒习惯来判断

①喝酒时,以杯就口的人。这是斯文的喝酒相,男性如此喝酒,看起来有些女性化。这种人喝酒要有菜肴,也要有酒伴,独自一个人时,几乎是滴酒不喝的。

②喝酒时,以口就杯的人。这种人贪婪小气,喜欢贪图小便宜。如果不是嗜酒如命者,必定是省吃节用的吝啬之人。

③睡前喝酒的人。这种人大多孤僻,拙于交际,精神负荷重。

④喜欢早晨喝酒的人。这种人大多不实际,喜欢找借口逃避责任。

⑤喜喝饭前酒的人。这种人具备理智及抑制约束自己的能力,本来想借酒消愁,但最终成为真正懂喝酒而喜欢喝酒的人。

⑥喝过一家又一家的人。这种人聪明而有才能,但欲求不满或怀才不遇,爱慕虚荣而喜自夸,常带着几成好胜的心理,有时候为了避免回请,宁可争取下一家喝酒付账的机会。

⑦稍一饮酒即脸红的人。这种人生性温和,不善做作,做事说话直率。

⑧饮酒而面不改色的人。这种人沉默寡言,意志坚定而有耐性,将喜怒隐藏在心底。

⑨喝酒喜欢划拳的人。这种人孤独寂寞,常借着工作与欢乐排遣孤寂。

⑩喝酒时没有女性陪伴就喝不痛快的人。这种人孤独寂寞,平常缺乏倾诉的对象,并且时常担心被人轻视。

(5)由握杯方式看性格

杯子是我们日常生活中最为常见的生活用品之一,喝水、喝酒都要用到杯子。专家们发现，一个人握杯子的习惯反映出各种不同行为方式，并微妙地反映出一个人的性格特征。

①手持玻璃杯下方的人

这类人性格往往比较内向，而且心思缜密，非常在意小节。一般来说，这类人情绪多变，喜形于色，一旦不高兴，马上就会表现在脸上和动作上。

图 61　手持杯子下方

②两手持杯的人

图 62　双手持杯

这类人性格内向、害羞,很少与人交往,不善言辞,多为寂寞孤独的人。虽然这类人也想与人快乐地交谈、打闹成一片,但总是难以办到。然而这类人"亲和的欲求"是很强的,有着强烈的与人接触的愿望,对异性的关心度也很强。

5.由喝茶习惯来判断性格

喝茶就像喝酒一样,有着相当悠久的历史。人们对喝茶有着不同的爱好,对茶的口味也不尽相同,可以说是花样百出。比如有的人喜欢在街头茶馆喝茶,有的人喜欢上茶楼,有的人喜欢喝红茶,而有的人只对绿茶感兴趣。我们对喝茶的人进行细致入微的观察,就能发现他们各有各的个性。

(1)喜欢喝名茶的人

对名茶感兴趣的人,肯定不是一般平常的老百姓,从家里储藏不少价值不菲的名茶来看,他的家庭确实不属于温饱线以下的人。这种人是自我主张强烈的人。他的自尊心、自信心特别强,深信只有自己所做的事才正确,对旁人微小的行为也有敏感的反应,如有异者,就要马上加以反对和制裁。这种人大都很固执,容易和周围的人发生冲突,但在强烈自尊心的作用下,有时他又会慷慨助人。

(2)喜欢在家喝茶的人

这种人的守家意识强烈,对大千世界的兴趣不太浓厚,更喜欢泡一壶清茶与家人待在一起。这种人大都没什么作为,平日里得过且过、优哉游哉,对任何事都是满不在乎的。这种人内心很软弱,终日懵懵懂懂过日子,没有事业心,没有进取意识,甘于平庸,甘于无为。

(3)不喜欢喝茶的人

他们既不喜欢去茶馆,也不愿自己在家沏茶喝。他们确实对此毫无兴趣。这种人大都是内向型性格。他们一般不会轻易地接受他人的邀请,也不会随便附和众人的意见,尤其是对于新事物,他们更有着强烈的反抗力。他们很执拗。与这种人交往,要避免过于莽撞,否则马上会遭到拒绝来往的回礼。

（4）讲究茶道的人

能有这种精力喝茶的人,持久性强,而且性子大都比较慢,内心平静,稳定,脾气温和。他们做起事来不慌不忙,有条有理,且能坚持很长时间。这种人有恒心,注意力集中时间长,所以适合于做细致的工作。在情感上很专一,不会拈花惹草,见异思迁。

（5）偶尔陪别人喝茶的人

自己对茶不感兴趣,却又不得不经常陪人上茶馆的人,肯定有他的苦衷。这是一个疑心病重的人,平时总喜欢皱着眉,对外界常抱着不信任的态度,而且有着敌对的心理,总觉得有人要害他,有人要骗他。整天疑神疑鬼,捕风捉影,东猜西想,忧思忡忡。

（6）喜欢上高级茶楼喝茶的人

这种人不是大款,就是"打肿脸充胖子"的那一类。这种高级场所,已经是有钱人和生意人休闲的天地了,会客、谈生意在茶楼里进行,就好像是在自己的办公室一样。这种人大多较专断,自我主张强烈,自大,自以为是,争强好胜,从不愿承认别人比他高明。其内心又很狭窄小气,脾气执拗、固执,容不下他人意见。

（7）喜欢到街头茶馆去的人

其中有为了不脱离群众和喜欢了解世俗风情的人,也不排除囊中羞涩者。这种茶馆往往以价廉物美和小道消息多而吸引顾客。经常进出这种地方的人,一般性情比较随和。这种人的包容性很强,承受力也强,特别能吃苦。他们工作勤奋,从不怕劳累,更不会偷懒,再艰难的事情他们都能够去做。在生活中有耐心,不抱怨,不发牢骚;有能力,坚强,无畏,能承受生活的重负。不过,这种人的灵活性较差,有时缺乏灵巧。

从卫生习惯看对方性格

个人卫生包括刷牙、洗脸、沐浴和擦嘴等事情,它有时也会展示一个人的内在修养和心理。

1.刷牙看性格

大多数人每天都至少刷牙两次,以保持口腔清洁。其实,在这个最普通的卫生习惯的背后,实际上躲藏着一些连当事人本人也不知道的性格特征。

(1)只在早上刷牙

如果每人每天只是在早上刷牙一次的话,这种人往往是非常注意(介意)别人怎样看自己的人。因为,他刷牙不是为了自己的健康,而真的是在意别人会不会评论他嘴中的异味。每天早上离开家里时,他们都确定自己以最佳的状态面对这个世界。从小时候起,这种人就惯于以别人对他们的期望作为其奋斗的目标。对他们而言,信心是建立在人家对自己的评价标准上,而不是自己追求的生活标准。实际上,他们也没有什么标准,他们最常说的就是"×××议论我了",因为他们最看重这些。

(2)只在睡前刷牙

如果这种人每天只是在睡觉前才刷牙一次的话,他们可能是个脚踏实地、实事求是的人。这种人从不会浪费自己的精力去做一些无聊的事情。在工作方面,他们会根据自己所获得的酬劳,去估计应该对工作有多少投入;与人沟通时,他们会清晰地表达自己的立场,但不会作过多的解释,更不理会别人对自己的看法。从卫生习惯角度讲,他们有些只顾自己的感受,而全然不顾对社会的影响。特别是在某些大城市早上乘地铁上班,你身边站着这么一个满嘴异味的人,他的肢体语言表示出他是什么人,不用说你也明白。

（3）每天刷牙三次或以上

这种人有点神经质，许多事情他们都要重复或者做完之后反复检查才能安心。这种人要求亲密的伴侣不断地以不同的方式向自己示爱，起初对方觉得他们是个追求浪漫的人，但不久便会发觉原来他们是个缺乏安全感的人。这种人的确很注重个人卫生，但他极有可能是因为被他比较亲密的异性伴侣指责过他不讲卫生。若是他从小到大都保持这种习惯，特别是饭后刷牙以保持口腔卫生，那么到他老年时，他的牙齿会让人羡慕的。

（4）上下刷

这种人懂得自爱，是个有进取心的人。从小就知道怎样安排自己的生活，为自己争取应得的利益。这种人尊重生活中的游戏规则，讨厌别人用不公平的手法来与自己竞争。在人际关系方面，他们不会让人家占自己的便宜，也不会接受人家无缘无故给自己的好处。这种人学习方法正确，办什么事情也注重正确的效果，或者说他们追求把工作做好，并且要做出高境界的效果。

（5）左右胡乱刷

这种人有点拒绝接受正确事物的性格。有些时候他们明明知道自己犯了错，但他们会继续让自己错下去，或者，他们觉得突然之间纠正错误，会更加令旁人觉得自己犯了错。因此，这种人有许多掩饰性的行为。譬如说，他们不肯面对人际关系方面的问题，只是装作与每个人都相处得很愉快。又譬如说，他们一点也不喜欢自己的工作，但他们不敢转换工作，甚至还摆出一副敬业乐业的模样。这种人做事情往往只注重过程，而不注重效果。就好比你让他扫地，他会拿着扫帚划拉一阵子，至于扫得干净不干净他是不考虑的。在我们的生活中，这类人是占大多数的。

2.沐浴看性格

多数人只要有条件每天都会沐浴,把累积了一天的尘垢洗净,以清新的面容面对新的一天。事实上,不同的沐浴习惯也能反映出不同的性情及对生活的不同看法。

(1)热水淋浴

如果这种人不分寒暑,不像常人那样洗温度适宜的澡,而是经常把水温调得极高才沐浴,那他们很有可能是个"感受"型的人。

这种人待人接物非常讲究直觉,假如他们第一眼接触某人就对他有好感,这种人会与他一见如故,迅速发展友谊;不然的话,这种人会对他采取避之则吉的态度。碰见心属的异性,这种人有时会脱离现实(例如忘记自己已婚或对方已婚),而展开热烈疯狂的追求,或者,他们认为爱得痛苦才属于真正的爱,就好像要用灼热的水沐浴才能彻底把自己洗干净。在吃的方面,这种人也追求味觉的刺激,吃什么菜他们都要加点使味道更浓烈的调味品。即使喝清淡的汤,这种人也可能要撒胡椒粉。在衣着(包括领带)方面,这种人喜欢选择鲜艳的颜色,款式上亦尽可能追求时尚。

(2)冷水淋浴

喜欢冷水浴的人身体一般都比较强健,因为冷水浴不是暑天冲凉,能在冬天也坚持洗冷水浴不是件容易的事。因此,这种人喜欢保持冷静。他们认为面对事情时,最重要的是保持头脑清醒。在众人面前,这种人经常以自己有理性、逻辑性强为资本。他们也很少公开批评别人,因为他们觉得这样做容易树敌,是不理智的,但私底下这种人对每件事和每个人都有独特的见解。在事业方面,他们追求专业知识及事业地位,渴望得到别人的赏识及尊重。

(3)按摩式淋浴

这种人相当追求物质欲的享受。他们的哲学是:既然投胎做人,就应该尽情享受人生。这种人极少自寻烦恼,更不会涉入感情的纠纷。注意,不是偶尔使用一次,是非常热烈地追求这种沐浴方式的那些人。

（4）蒸汽浴

有享受蒸汽浴习惯的人是个做事彻底、有耐性的人。他们相信"天下无难事,只怕有心人",认为只要肯去做,没有什么事是自己做不到的。这种态度为他们带来成功,但在人际关系方面,有些人会觉得他们太过专横,有点难以相处。

（5）浴堂

有些人喜欢到公众浴室,赤裸着身体,与其他数十个人一起泡在大浴池里。如果这种人经常如此洗澡的话,那么他是个不甘寂寞的人。这种人对朋友相当乐善好施,有时因为先照顾朋友的需要,而忘记家人的需要。

3.擦嘴工具看性格

每天吃完饭后嘴巴油腻腻的,你用什么把它擦干净呢? 不要小看这个环节,因为这很可能把人们的性格特点全部暴露出来。

（1）纸巾

如果有人随时随地都在自己手袋放一包纸巾的话,这种人很留意生活的细节,他们喜欢事事都按照计划进行。这种人也是一个肯照顾别人的好心人,他们拿一包纸巾出来用的时候,通常会递给别人共用。这种人绝对不会标奇立异,他们非常甘心随潮流去走,因为这种人追求的是平静淡泊的生活。

（2）衣袖或手背

这种人毫不注重自己的外表或个人卫生,为人懒散,甚至有些粗俗。没有办法,因为他们的生活条件和所受的教育限制了他们。

（3）餐巾

吃完饭,用餐巾"印印"嘴角,是人们注重仪态的表现。这种人非常小心,他非常注重自己在众人面前的印象,言谈行为都尽量温文尔雅,这种人绝对不会让别人觉得自己粗鲁,哪怕在吃饭这种日常生活习惯上。有时候,为了保持这个形象,他们会"低头就命",不流露自己的真正感受。在人际关系方面,这种人也抱着点到即止的态度,很少流露热情奔放的一面,他们相信君子之交淡如水的交际原则。

(4)手绢

当这种人习惯了某一种方式去做一件事情时,他们不会轻易做出改变。这种人现在的好朋友都已相识了一段相当长的时间,因为基本上他们是一种慢热型的人。他们需要仔细观察对方,然后才能决定他是否可以成为自己的朋友。有些人会觉得这种人为人偏激,愤世嫉俗,孤芳自赏,但他们很清楚,其实自己不过想守着一些别人不明白的原则做人而已。

(5)桌布

能用桌布抹嘴的人,为人豪爽,但也是不拘小节之人。处事虽然富有弹性,但绝对是个粗人。这种人充满好奇心,遇到新鲜的事物都想试一试,而他们身边的人也经常被其不断改变生活方式的热诚所感染。

在群体生活里,这种人很容易被别人捧为"做东"的人,而有他们在场的聚会也绝不会出现沉闷的场面。

(6)卫生纸

随手在洗手间拿些卫生纸放在手袋或口袋备用的人,肯定不拘小节,也并不注重个人享受。在生活安排方面,这种人追求的是简单和方便。与这种人来往的人会觉得他们容易相处,因为他们从来不会斤斤计较。不过与他们关系亲密的人却时常感到困扰,因为在他们面前,他们觉得自己可有可无。在用钱方面,这种人相当谨慎,买任何东西前都反复思考一番,有些人甚至觉得他们是"小气鬼",但他们依然我行我素。

道具传递个人性格

心理学家认为所有的工具都是人类器官的延伸,体态语是人们交流思想的隐性工具,工具加"道具",就会造成更强烈的表达效果。交通警察和指挥者使用的"指挥棒"等,都可看作人类体态语的辅助性工具。

通过观察,我们就会发现,凡是和人体有关的物体,都可能强化体态语的表达。诸如:用具、佩戴、摆设、装饰物……这些身外之物,一旦和体态语结合,也可以传递信息、表达情感,起到强化交际的作用。例如:当人们发怒时,则不管不顾,随手抓到什么就摔打什么,东西成了人们泄愤的工具。

当人们高兴的时候,不仅常常眉开眼笑、手舞足蹈,而且同样借助手头上的东西加以表示,有时不仅抛起自己手里的东西,在狂欢时甚至把人抛起来。

当送别的时候,人们常常挥手致意。当客人走远时,还手拿帽子或手帕尽情地挥动。这些体态语所借助的强化物,就类似剧场中的"道具"。

事实证明:凡是和人体有关的物体,都可能强化体态语的表达。

1.包

从一个人的手提包可以看出包主人的性格。

行为学家认为一个人的提包或提箱的款式不仅能反映他的性格,也能暗示出他的职业特点。

(1)公文包

①手提公文包

这种公文包可能已经过时多少年了。如果有人在他们购置东西的时候,仍然喜欢用这种提包,说明他们非常注重物体是否耐用。如果一个新朋友去他们家拜访时,还以为他们是个古董收藏家,朋友们讥笑他们意识陈旧、思想保守，行为像一个上年纪的人，总是有一种怀旧感。但他们并不恼火，在友情上，这种人的确希望大家的友谊永远不变。

在交际上他们并不如鱼得水，所以他们的朋友可能不多，但全部都是交往了多年的老友。这种人对待友谊，一如既往地忠诚，朋友们也信任他们，相信他们是个踏实可靠的人。

这种人中的大多数可能因为保守型的性格，注定要在一个部门里不能升到高位，但任何一个上司都需要他们这样可靠稳重的人。

②老板包

这是种小巧精致的包，便于携带和放置，同时也容易遗落。它的功效是能放置名片、钱物、账单和餐巾纸以及手机等。

当一个人夹着这样的包在街上四处奔波时，他们的虚荣心容易得到某种满足。这种人很能替自己争取利益，从不放过赚钱的机会。在股票和证券交易所流连忘返的人，差不多都是和他们拿一样包的同类人。也许是时运不济，这种人很难赚到大钱，却不时能发笔小财，所以他们并不是很缺钱花的人。

这种人热衷于各种信息，经常谈论各种行情，对著名公司和老板能如数家珍。在与人打交道方面，他们有着深厚的社会功底和实践经验，一般人很难看出他们的本来面目。他们爱占便宜，怕吃亏，但在花钱维护关系上，他们出奇地大方，往往给人一种"讲义气"的感觉。

在感情上，他们经常不能给家庭兑现自己的承诺；在追求异性时，往往也以失败居多。

③不断换新的高档挎包

这种人可能是个追赶潮流的人，身边的玩物不断花样翻新，当然也包括提包。

这种人推崇享乐主义，他们不断追求高级享受，花费多少他们也不计较，所以他们常常囊中羞涩，入不敷出。

在工作中,这种人经常别出心裁,干一些弄巧成拙的事情,比如喜欢研究以最简单的方法去做最复杂的事情,不过他们的想法是好的。

在人际关系上,他们很难避开一些纷争,经常惹得一身麻烦。这种人很少有深交的人,但酒肉朋友不少。

④公司免费赠送的包

有些人总是携带这种包去公司上班,如果不是他们的收入低或经济负担太大,就是想显示自己对公司的热爱,他们希望这一举动能赢得上司的好感。

这种人做事情不讲求深度只求表面。但他们可能比一般人懂得如何邀功领赏,有时也的确能博得上司的赏识。不过他们的同事并不欣赏这种人的行为,他们甚至可能排挤他。

⑤色彩鲜艳的背包

如果有人喜欢使用这种包,可以肯定他们的年龄不大,他们的个性就像色彩一样鲜明。

他们热情活泼,精力充沛,对生活和事业充满希望。在工作上,上司指定的事情,他们能迅速完成,即使质量不高,也很少受到指责,因为上司喜欢他们的这种敬业精神。

在事业和生活上,他们还未受到过较大的打击。在与人交往时,他们不会随便乱交朋友,他们所结识的朋友都和他们一样,热爱生活,有远大的抱负。他们尊重那些比自己年长的、在事业上有所建树的人,他们经常以他们为榜样,激励自己奋发向上。

⑥没有公文包

没有公文包的人,也就是那些从不使用提包的人,他们肯定自有其独特的个性。任何时候这种人都空着两手去公司上班,很有可能是没兴趣让别人知道自己的身份和地位。他们喜欢独来独往,不希望有所牵挂来羁绊他们的行动。

在做事情时,他们不希望别人来干扰自己。别人会对他们颇有微词,但他们并不计较。他们与人相处,只停留在表面上,既不向深度发展也不完全排斥。所以,这种人既无最要好的友人,也无深仇大恨的敌人。

他们在做任何事情时,很难听取别人的意见。当他们取得某种成就后,别人也就会同意他们的做法是对的。如果他们办砸了,即使有人幸灾乐祸,他们也会觉得无所谓。

（2）手提包

女士们的手提包是一个小小的秘密,它不会轻易让人窥视。因此,心理学家把女士的手提包称为"个体世界的浓缩"。在这个浓缩了的"个体世界"里,自然也就有主人的"个性"蕴涵其间。

让我们通过以下类型的手提包,去窥视一下人们心中的"秘密"吧！

①"混杂"型提包

在这类提包里,即使是最常用的物品,也会被放置在提包的最底下。一旦要索取一张车票,或者是一本工作手册,就得把提包里的一大半东西翻出来。这种提包的主人在日常生活中,凡事都奉行"无所谓"的随便态度,对区区小事从不斤斤计较。热情,好交际,慷慨大方,但不够谨慎,办事欠可靠,工作不够细致。与这类人容易相识,也容易分手,因为他们性格上具有两重性。

②"整齐"型提包

这种提包里任何需要的东西总是伸手可得,提包款式也常常朴素大方。持这种提包的主人一般都有强烈的上进心,办事可靠,品行端正,待人接物彬彬有礼。一般来说,他们很自信,也有组织才能,但缺乏想象力。

③"公事"型提包

提包里经常装有各种笔记本,另外还有各种面值的邮票、信封、公文纸和报纸杂志,并且在包里一定能发现不止一支笔。在这类人中,如是男性,尽管性格各异,但是他们有一个相同之处:自信,但缺乏幽默感;如是女性,则个人意识较强,但对许多生活中的事情,看法过于简单幼稚。

④"全面"型提包

提包里应有尽有:备用眼镜、保健药盒、电话号码通讯录、各种钥匙串、指甲钳,甚至缝衣服用的针线及塑料食品袋等。如果在女士提包里发现这类东西,说明这位女主人凡事严格,办事仔细认真,善于处理各种实际问题,很能持家,心地善良,能体贴人。但是,如果这些东西在男士的提包里发现,那只能说明他过分拘泥细节,实际上,在生活中他也不太会自理,是个不太有开拓创新精神的男人。

⑤"收集"型提包

在这种包里有用过的废戏票、皱巴巴的处方、商品说明书,还有信封、照片……有这种习惯的男人,求知欲强、乐观、喜交际、好炫耀;持这类提包的女人,富于幻想,缺少条理,不太善于处理各种生活琐事。

⑥"摩登"型提包

提包里大多放有化妆品、镜子等。如是女性,表明她喜爱色彩,富于幻想,爱美,当然也热爱生活;如是男性,则表明他虚荣心极强。

2.首饰

首饰能给人们带来某种形象。当女人戴上一条醒目的项链和一副漂亮耳环时,会使自己的形象提高到另一个层次。一个人在佩戴不同的首饰时,也可以折射出某种性格。

(1)纪念性首饰

比如结婚戒指。如果一个人佩戴有结婚戒指,说明他们对自己的配偶相当满意,他们要让全世界的人知道他们是已婚人士,他们对自己的婚姻非常投入。

能经常佩戴结婚戒指,这也说明这种人婚后的一切都以家庭为重。这种人是如此看重自己的家庭,以至于他们的同事和上司会觉得他们在工作上不像以前那样进取向上了。

（2）不戴首饰

这种人喜欢干净，崇尚自然，他们不肯接受约束，喜欢独来独往，按照自己的意愿做人。他们也讨厌应酬。他们认为一切外在的修饰都属多余，从来不会在人前马后去显示自己。

这种人是个孤独、沉寂的人，喜欢单独干事，难免有人说他们为人太过自我，他们对此不但不以为然，还反视之为崇高的美德。

（3）全身挂满首饰

以这种形象出现的人，十足是个暴发户。

可以这样想象，在一个社交场合，他们的 10 只手指起码有 7 只手指戴着颜色不同的戒指，一对手镯足有一斤重，而那根镶着巨大宝石的项链，看上去就像一个枷锁一样套在他们的脖子上。

这种人真正的用意是：显示自己的财富。

这种人有强烈的表现欲，经常在有意无意之间，让人家知道他们的长处。在会议室里，他们经常抢着发言，希望把众人的注意力集中到自己的身上来。这种人情趣广泛，经常转换职业，很容易对人产生好感。

（4）名贵首饰

一个人身着名牌时装，佩戴名贵首饰，用意一目了然——标榜自己的富有和相应的地位。

这种人非常注重自己所展示的形象，希望别人知道他们是有钱或者有地位的人。同时，他们也希望用这些价值不菲的装饰能够掩盖内在的某些不足之处。

也许，具有讽刺意味的是，他们常常花大价钱佩戴的首饰并不总是能给他们带来应有的尊重。

（5）生肖首饰

父母总是喜欢给自己的孩子佩戴属于某种生肖的首饰。据说，如果星座与所戴的首饰搭配恰当的话,不但会给本人带来好运,而且还会填补他们性格的不足。

如果他们是个成年人,那么他们所佩戴的生肖首饰又能反映这种人的哪些性格特征呢?

显然,这种人是个相信命运的人,即使他们出现偶然的失误,他们也相信这是命中注定的系数,他们觉得许多事情都是上苍安排好了的。这种信念直接影响他们处世的行为,因为他们认为事情的成败并不由自己决定。

这也注定这种人在人际关系上处于被动的位置,同时他们是缺乏创业精神的人。

(6)怪异首饰

这种人脖子上的项链可能是用野兽的锁骨制成的,而他们所佩戴的戒指又可能是用野兽的趾骨做成的,而他们悬挂的耳环可能是一个奇形怪状的木雕。

从这种人所佩戴的首饰上看,他们是个有怪异行为的人,具有强烈的猎奇心理。他们使用的东西可能是别人早已抛弃了的,或者是几个世纪前的物品。他们的行为也是别人难以想象的。他们会穿上一件破烂的衣服去公司上班,大雨天里不拿伞在大街上行走。

3.眼镜

现在,近视的人越来越多,戴眼镜的人也很普遍了。而人与人沟通中,戴眼镜的动作也逐渐成为一个比较重要的肢体语言,从中可以发现一些重要的沟通信息。专家们认为眼镜除了具有矫正视力、过滤阳光、遮挡风沙等功能以外,也能通过它窥视对方心理的变化。

(1)不同的眼镜类型

①墨镜

戴墨镜一般是为了在室外阳光下保护眼睛。在室内戴墨镜就不仅是对他人不礼貌,还会引起别人不愉快的猜疑。既然戴墨镜的人可以看到别人而别人却看不见他的眼睛,他们就会给人以隐匿自己面目的感觉,至少使人感到难以接近或交往。有些名人为了对付记者的闪光灯,也喜爱戴墨镜,则另当别论。在葬礼上,穿黑色衣服,戴黑色帽子或黑色头巾,同时戴墨镜,则是一种礼仪。

②近视镜

戴近视镜似乎可以给人以聪明、勤奋和有知识的感觉,但也有人认为影响美观。所以,有些国家青年女性戴近视镜的人少,戴隐形镜的人多。

除了矫正视力的内在功能之外,人们也靠所戴的眼镜去塑造某种形象。因此如果一个眼睛并不近视却喜欢戴眼镜的人,可能内心深处渴望被尊重。

③平光眼镜

纯粹作为装饰之用。平光眼镜的档次、价格、样式都能给人以不同的感觉。例如,镜片大得吓人的褐色天然水晶镜,价格相当高,况且也不美观,但戴这种眼镜的人还是有不少,因为这种人有可能不是一个忠诚的人,他们不肯以真面目示人,因此真正了解这种人的人少之又少,而一般所看到的只是片面的他们。

平光眼镜戴得久了,或许连他们自己也看不清楚真正的自我,现实与幻想混成一片。

④黑边眼镜

这种人希望展现稳重及成熟的风格。在人面前,他们的确经常表现得热爱传统:听古典音乐,欣赏穿套装的女人,吃饭讲究,穿鞋必定穿袜子……

这种人自认为是做大事的人,可惜有些时候、有些场合他们表现得过分保守且缺乏冒险精神。

不过黑边眼镜近来也成为一些时尚青年的装饰，自然另当别论。

⑤金丝眼镜

这种人希望别人觉得自己带有学者风范。在跟人家讨论问题的时候，他们喜欢发表一些独特的见解，以显示自己与众不同。

这种人非常注重自己的外表，尤其是与朋友约会时，他们必定穿着鲜亮，同时在言语之间，他们会暗示自己是有身份的人。

对于工作，他们始终热衷于它会为自己带来的实际好处。

⑥无边眼镜

这种眼镜通常价格较贵，属于高档眼镜。戴这种眼镜的人一般显得很文雅，所以这种人认为自己是个客观的人，面对所有的问题，都能够从大体着想，不会因为一些细节而影响大局。

⑦隐形眼镜

选择戴隐形眼镜的人可分两类：一是觉得自己面部轮廓无懈可击，无论戴什么样的眼镜都会使自己变得"难看"；二是认为自己长相已经够"丑"了，不想被一副眼镜进一步地丑化。这种人拥有的衣物贵精而不贵多，而且他们很注重搭配，连最不起眼的细节也不肯放过。这种人不会随便追求人或接受别人追求，他们希望大家无论是外貌或内涵上都能够相称，才会考虑发展男女之间的感情。

在选择朋友方面，他们也颇为挑剔，他们认为"道不同不相为谋"，因此除非对方与这种人有相等的价值观，否则他们不会考虑跟对方做朋友。

⑧彩色塑料边装饰镜

不同的环境，不同颜色的衣服，戴不同颜色的眼镜。戴这种眼镜的人害怕寂寞，抗拒单调的生活，尽自己所能把每日的时间表用各式各样的日程填满。他们是生活中普普通通的人，生活因为他们才显得多姿多彩。因此，每当我们的生活中的新玩意出现，这种人必是第一批捧场客中的一个。他们喜欢人家说他们生活得多姿多彩，懂得享受人生，并且永远走在潮流前面。

(2)不同的使用眼镜姿势

①解读眼镜

眼镜最初的价值是为了矫正视力或为了保护眼睛，而今天它早已超出了其原本的使用概念，成了具有多种功能且很有装饰意义的大众用品。从装饰的作用来说，专家们在调查中发现，镜框的材质越厚重，给别人诚恳、有教养的印象会越鲜明。所以，在社交场合尤其是教育领域，我们会发现，职位较高的人会佩戴镜框材质较为厚重的眼镜。如果你要向对方传达你性格很开朗、很时尚、很时髦等信息，最好佩戴无框或者细框眼镜。

②从眼镜上方窥视

戴远视镜人的另一种行为就是"镜口窥人"。对于这一行为人们并不陌生，这是许多老年戴眼镜者的一种习惯动作。这种动作的目的虽然是为了避免将眼镜戴上摘下的麻烦。但是，对于被窥者来说，常会产生一种被打量、被评价的感觉。专家认为，"镜口窥人"容易使对方产生一种不平等的感觉，其效果犹如门缝里看人。因此，许多戴远视镜上课的老师们，应尽可能地减少此类情况的发生，避免学生的误会。

③把眼镜架到头上

专家们告诉我们，如果你在和别人交谈时，你戴着太阳镜，会给对方留下很神秘、可疑的感觉，从而会使人对你产生不利的怀疑、猜忌等。而你要是把太阳镜架到头上，那么给人的印象就不一样了，这种造型犹如为你增添了两只瞳孔巨大的眼睛，会让你显得更为随和、年轻、"酷"。

④咬眼镜

专家们认为，咬眼镜的动作从本质上来说，是人们企图重新体验婴儿时期含住乳头的那种感觉，即一种渴望安全的姿势。但是，咬眼镜的后续姿势却能够反映出人们内心的意图。戴眼镜的人在讲话的时候,不少人都有将眼镜反复戴上、摘下把玩儿的习惯,有人甚至还有将一只眼镜腿放在嘴边或嘴里的习惯。事实证明,这是一种下意识行为。将眼镜腿放在嘴边基本上是一种消除疑虑、慎重思考或拖延讲话时间的一种肢体语言。那些不戴眼镜的人还会用钢笔、手指、香烟等类的东西取而代之。在平时做练习或考试时,特别是在遇到难题时,不难发现学生们经常会把手指或笔放在嘴边、嘴里,或用手指擦鼻子,或用手指抵着下巴。

4.服饰

一位礼仪培训教官曾经说过:“一个正面的、积极的外表形象,可以向外界传达出一种积极向上的信息。”一个真正健康的、懂得生活的人会非常注意保持良好的仪容仪表。良好的印象是与人交往的第一步,而把自己打扮得漂亮整洁,更能以良好的形象引起别人的注意。

服饰也可以折射出一个人的思想及品位。人们选择的服饰不同,向外界传达的信息也不尽相同。穿着漂亮套装服饰的人,往往非常注重自己的外表,而且常有很深的城府,希望通过自己的着装,给人留下美好的印象;穿着时尚个性服饰的人,他们会比较有个性,一般他们不会在乎他人的眼光和观点;喜欢穿着可爱洋装服饰的人,往往给人耳目一新的感觉;喜欢穿着花里胡哨服饰的人主要是年轻人颇多,他们虚荣心非常强,爱表现和炫耀自己;喜欢穿着同一款服饰的人,这种人性格比较直率,在与人交往的过程中,个性比较鲜明,往往有自己的观点和主见,做事情果断、利落。

在人们选择穿着服饰的时候,场合是必须要注意的。根据不同的场合来选择合适的服饰出席,可以体现你对对方的尊重。

在英国威廉王子和凯特的婚礼上,出席婚礼的人们都穿着比较绅士和端庄的服饰出现在公众面前,为王子夫妇送上了真挚的祝福。如果说出席婚礼的人都是穿着商业晚宴的服饰出席威廉王子和凯特的婚礼,那么就显示了他们对英国王室的不尊重,也是一种失礼的表现。

医生之所以穿着白大褂给病人看病,是因为这样的打扮能够让病人遵从他们的意见和指导;法官之所以穿着法袍上庭,是因为这样就能显现出法官强大的威严和权威。可见,一个穿着不俗服饰的人比穿着一般服饰的人对周围人的影响力更大。

请看这样一个故事:

美国独立战争期间,富兰克林出使法国,试图说服当时的法国国王充当美国的盟友。然而这不是一件轻而易举的事,当时的美国只是一个民主国家的雏形,但是当时美国的敌对国——英国却很强大,法国并不愿意碰英国这颗钉子。

就在富兰克林一筹莫展之时,一天他在街上发现法国人都是统一的造型——戴假发、打粉底、穿特色民族服饰。富兰克林回到住处后,因为这个发现,他非常兴奋。手底下的人并不知道富兰克林为何会做出如此兴奋的反应,甚至有些不知所措。但是,第二天,大家更是让富兰克林给镇住了,富兰克林把自己从头到脚包装成法国人的打扮,并且还在院里坐上法式的马车,像巡游一样向大家展示。就在大家不明所以的时候,富兰克林说:"我们现在身处法国,就要和法国人的打扮保持一致,这样,法国国王与臣民才认为我们是尊重他们的,是真诚地想与他们做朋友。"

富兰克林为了国家的利益,真是费尽了心思,他的行为让大家很受感动。于是,富兰克林带领手下众人,大家都穿着法国的服饰去见了法国国王,国王很是高兴,认为富兰克林非常尊重法国及法国文化,也就答应了富兰克林的请求,美国最终摆脱了英国的殖民统治。

在职场中,过于休闲的服饰可以毁了一个人的信誉。作为职场人士,每天都应该穿西服打领带,整洁地出现在众人面前。如此严格的着装要求,目的是增强一个人的专业感与和谐感。你说的话在领导眼里有多大的可信度,很大程度上与你的衣着服饰打扮有关系。衣着服饰打扮不得体的人,即使说出非常重要的信息,在领导眼里也显得可信度不高。

一位礼仪培训教官曾对警员们说:"每次出门前都应该对着镜子好好看看自己——肩上的警衔,帽上的警徽,腰间的腰带,无不显示着一个人威风能干、正义凛然的气质,你们已经是一名FBI的警员了,一定要对得起自己这个身份!"可见,服饰能够迅速给人以某种强烈的身份感。这也正是为什么世界上有那么多为了某些特别的场合而制作的衣服,比如学生的毕业礼服、新人穿的婚纱、军人穿的军装、演员穿的演出服……服饰可以帮助一个人尽快进入状态,融入某些特定情景,更好地去完成工作。

5.手表

如今,手表不再是人们的奢侈品,很大程度上,成为了人们的一种装饰。但不管手表多么普遍,心理学研究专家大卫认为,仍然可以通过手表看出一个人对时间的看法,而一个人对时间的看法,又恰恰是他性格的一种表露方式。因此,从一个人佩戴手表的款式上,就可以了解到这个人大概是什么样的性格。

(1)喜欢戴电子表的人

喜欢戴这一类型手表的人多是有些与众不同的。他们独立意识非常强,从来不希望受到他人的控制和约束。他们善于掩饰自己真实的情感,所以在别人看来,他们是特别神秘的,而他们自己也非常喜欢这种神秘感。

(2)喜欢戴闹钟型手表的人

这类人大多对自己要求特别严格,总是把神经绷得紧紧的,一刻也不放松。这类人虽然算不上传统和保守,但是他们习惯于按一定的规律和规矩办事,他们在争取成功的过程中,任何一件事都是以相当直接而又有计划的方式完成的。这类人非常有责任心,有时候会在这方面刻意地培养和锻炼自己。除此之外,他们还有一定的组织和领导才能。

（3）喜欢戴怀表的人

这类人多对时间有很好的控制力，虽然他们每天的生活忙忙碌碌，但是却不是时间的奴隶，而懂得如何在有限的时间里让自己放松并且找到快乐。这类人善于把握和控制自己，适应能力非常强，能够很好地调整自己的心态。这类人多有比较强的怀旧心理，乐于收集一些过去的东西。这类人往往言谈举止高雅，有一定的文化修养。

（4）喜欢戴没有数字表的人

这类人抽象化的理念较为强烈，擅长观念的表达，而不希望什么事情都说得十分明白。他们很在意对一个人智力的锻炼和考验，认为把一切都说得太明白就没有任何意义了。这类人很喜欢玩智力游戏，而且他们本身就是相当聪明和有智慧的。

（5）喜欢戴古典金表的人

这类人多具有发展的眼光和长远的打算，他们绝不会为了眼前的利益而放弃一些更有发展前景的事业。这类人思维缜密，头脑灵活，往往有很好的预见力。这类人的思想境界比较高，而且非常成熟，凡事看得清楚透彻。这类人有宽容心和忍耐力，又很重义气，能够与家人、朋友同甘共苦。

从声音与声调了解对方

听声调，辨对方真实想法

肢体语言专家卡特认为，一个人的精神状态直接影响着声音中感情色彩的深浅浓淡。当我们从脸部表情、动作、言辞都无法掌握对方的心态时，往往可以从声调去揣摩其喜怒哀乐等情绪变化。可以说，声调是洞察人心的线索，它不仅能表现出一个人的性格，甚至就连这个人是俗是雅，是贵是贱，是刚是柔，是智是愚都能从声调上辨别出来。

1.声调低声细气的人

这种人为人处世方面比较小心谨慎,警惕性很强,常常有意或无意地与他人保持一定的距离。这种人性格内向、腼腆,优柔寡断,缺乏自信,从不轻易透露自己的深层想法。他们对人宽容,从不为难他人,尽量避免麻烦的发生。还有一种人,在与他人的交谈过程中,声音会越变越小。这类人喜欢搞小动作,容易闹内讧,对这种人要提高警惕。

2.声调凝重深沉的人

这类人大多思想比较成熟,具有很强的责任心。一般来说,他们的学识都很高,对世道人心的把握很熟练,但由于性情耿直,而使自己在事业上不是很得志。这类人通常自尊心强,争强好胜。

3.声调温和沉稳的人

这类人往往具有长者风度。他们考虑问题比较深,做事慢条斯理,按部就班,具有很强的耐力,一旦确立目标,就会扎扎实实地坚持到底,不达目的决不罢休。与这类人交往,在开始的时候可能会觉得有些困难,但时间长了就能感觉到他们的忠诚、可靠。如果是女性,其性格比较内向,具有较强的爱心,当别人有困难的时候能及时伸出援助之手,能够体谅他人。

4.声调刚毅坚强的人

这类人胸怀坦荡,做事光明磊落,讲原则,是非善恶分明。他们有较强的组织性、纪律性,因此能够得到绝大多数人的拥护。他们当中大多数人是领导,并且都能够有所成就。但是由于这类人不善变通,比较顽固,从来不给人商量的余地,所以在工作中树敌颇多。

5.声调娇滴滴的人

这类人往往心浮气躁,善于编造谎言。如果是单亲家庭的孩子,则表明内心期待着年长者温柔地对待自己。如果是男性,多半是独生子或者在百般呵护下长大的孩子。这种男人对待女性非常含蓄,绝不会主动发起攻势。若是一对一地和女性谈话时,会特别紧张。因此,这种男人在他人眼中会显得优柔寡断,做事不干脆,没有什么魄力。

6.声调圆通和缓的人

这类人心地善良,性情开朗,为人豁达,待人热情、真诚,具有同情心和包容心。在交际方面,能够八面玲珑,不太容易得罪人。此外,他们接受新鲜事物的能力不是很强,但一般会持理解的态度。

另外,说话声调平直,词语含糊不清者,比较平庸,没有才气;说话声调明朗,节奏适当,抑扬顿挫分明的人,具有艺术性,是理想主义者,他们不注重现实,爱幻想,爱浪漫;说话声调又细又尖,刺耳难听的人,一般很孤僻,不容易与他人交往。

再者,在谈话过程中,如果声调突然增高或者变低,就说明说话者要强调重要的言语,你要仔细听了;如果说话者故意将声调压低、拖长、突然停止或者停顿的时间稍长,这说明说话者想让你仔细揣摩他的话,理解他的话。

在交谈的幽默中看穿对方的动机

幽默是聪明和智慧的体现,一个具有强烈幽默感的人,往往更容易取得成就,获得成功。肢体语言专家卡特认为,幽默感是每个人都具有的,只是有不同的表现方式而已,并且受到时间、空间等各种条件的限制。当一个人将他的幽默感表现出来时,对方的动机或者性格特征也就显现出来了。

以下是肢体语言专家卡特总结的几种幽默表现形式,仔细对照一下,有助于更好地观察和了解一个人的动机和性格特征。

1.善用幽默打破僵局的人

用一个幽默来打破某一个僵局,这样的人随机应变的能力比较强,反应快。因自己出色的表现,这样的人可能会成为受人关注的对象,这也正好迎合了这样人的心理。

2.善用幽默制造恶作剧的人

喜欢制造一些恶作剧似幽默的人,他们多是活泼开朗、热情大方的人,这类人活得很轻松,即使有压力,自己也会想办法缓解这种压力。这类人在言谈举止等各方面表现得都相当自然和随便,不喜欢受到约束。这类人比较顽强,爱和人开玩笑,他们在这个过程中进行自我愉悦,同时也希望能够将这份快乐带给他人。

3.善用幽默自我解嘲的人

善于说自嘲式幽默的人,首先应该具有一定的勇气,敢于进行自我嘲讽,这不是一般人能够做到的。这类人的心胸比较宽阔,能够接受他人的意见和建议,而且能够经常地反省自己,进行自我批评,寻找自身的错误,然后进行改正。这类人让他们看在眼里,很容易产生敬佩之情,从而为自己带来比较好的人际关系。

4.善用幽默嘲笑、讽刺他人的人

用幽默的方式嘲笑、讽刺他人,这一类型的人给人的第一印象往往是相当机智、风趣的,对任何事物都有细致入微的观察,能够关心和体谅他人。但实际上这种人是相当自私的,他们在乎的只有自己。这类人在为人处世各个方面总是非常小心和谨慎,凡事总是要比别人快一步。这类人疾恶如仇,有谁伤害过自己,一定会想方设法让对方付出代价。这类人还有较强的嫉妒心理,当他人取得成就的时候,会进行故意的贬低。

5.善用幽默来挖苦别人的人

常常用幽默的方式来挖苦别人的人,大多心胸比较狭窄,有强烈的嫉妒心理,有时甚至做一些落井下石的事情。这类人有较强的自卑心理,生活态度较消极,常常进行自我否定。这类人最擅长挑剔和讽刺他人,整天盘算他人,自己从未真正地开心过。

6.善用幽默来显摆的人

有些人为了向他人表现自己的幽默感,常常会事先准备一些幽默,然后在许多不同的场合不厌其烦地说。这一类型的人大多比较热衷于追求一些形式化的东西,而且很在乎其他人对自己持什么样的态度。

根据声音变化寻找对方的心思

古人曾说过,心动为性——"神"和"气"——性发成声。意思是说,声音的产生依靠自然之气,也与内在的"性"是有紧密联系的。肢体语言专家卡特认为,声音与说话人当时的心理活动也是密不可分的,声音的大小、轻重、缓急、长短、清浊都会随着心理活动的变化而变化,我们完全可以根据这些变化读懂说话人的内心想法。

1.大声说话的人

这种人是爽快之人,待人真诚,从不说假话,有什么说什么,但也正是由于说话直来直去,常常在无意中得罪了不少人。虽然他也意识到了这一点,但是他绝对不会因此而改变自己的说话方式。另外,这种人人品正直,做事光明磊落,组织能力也非常强,有责任心,值得信赖。

2.说话时声音突然变得很大的人

这种人不管说话还是做事都非常有耐心,善于思考,无论对方在说些什么,这种人都会认真仔细地听,边听边思考,若是中间听到某些问题自己不知道的,便会随时提出疑问,如果突然说话声音变得很大,则表明他又发现了一个新的问题。这种人也有些固执、执著,一旦他提出某一观念而你没有按照他的思路去做,那么可能就会发生一场争论。所以,这种人在工作上十分认真,一旦确定好了的事情,便会毫不犹豫地去完成。

3.小声说话的人

这种人缺乏自信,大多属于小人型的人,城府很深,十分阴险,没有气度,有时甚至可以为一些微不足道的小事与他人争吵。与这种人交往时,若你随便跟他开玩笑,他可能就会与你翻脸。另外,这种人很有心计,善于运用谋略做事,为了把事情做成功可以不择手段。在待人方面,这种人绝对不会流露出真心，他们往往喜欢用势利眼看人，也正是如此，常常会受到人们的唾弃。

4.说话时声音突然变得很小的人

这种人的性格受心情起伏的影响很大，如果遇到不愉快的事情，心理承受能力很差，也是一种严重缺乏自信心的表现，或许是由于心绪混乱所导致的。若是在谈论某一个话题时，觉得自己没有能力办到，说话的声音就会突然地变小，以此来掩饰自己。

5.说话时高声尖叫的人

这种人最大的特点就是爱炫耀，虚荣心很强，对自己的一切都十分在意，希望他人每时每刻都注意自己。这种人缺乏诚实感，因此做事常常一无所获。